Das Komma und seine Didaktik

von

Gesine Esslinger und Christina Noack

www.slld.eu

Schneider Verlag Hohengehren GmbH

Bibliografische Information der Deutschen Nationalbibliothek

Die Deutsche Nationalbibliothek verzeichnet diese Publikation in der Deutschen Nationalbibliografie; detaillierte bibliografische Daten sind im Internet über ›http://dnb.dnb.de‹ abrufbar.

Dieser Titel steht zum Download bereit unter:
https://omp.ub.rub.de/index.php/SLLD/catalog/series/SLLD-E
ISBN: 978-3-8340-2090-1 (Print)
978-3-96955-000-7 (Digital)
ISSN: 2701-3502 (Print)
2701-0597 (Digital)
DOI: https://doi.org/10.46586/SLLD.146

Veröffentlichung der digitalen Version durch:

Universitätsbibliothek der Ruhr-Universität Bochum
Universitätsstr. 150
D-44801 Bochum
https://www.ub.ruhr-uni-bochum.de/

Erschienen 2020 im Schneider-Verlag:

Schneider Verlag Hohengehren
Wilhelmstr. 13
D-73666 Baltmannsweiler
https://www.paedagogik.de/

SLLD wurde bei der Deutschen Forschungsgemeinschaft beantragt von Michael Beißwenger (Universität Duisburg-Essen), Steffen Gailberger (Bergische Universität Wuppertal), Miriam Morek (Universität Duisburg-Essen) und Björn Rothstein (Ruhr-Universität Bochum).

Redaktionen

SLLD
SPRACHLICH-
LITERARISCHES
LERNEN UND
DEUTSCHDIDAKTIK

Beirat

Vorwort

Die Kommasetzung erfährt derzeit sowohl in der Linguistik als auch in der Fachdidaktik und zunehmend auch bei Lehrkräften eine hohe Aufmerksamkeit. Wie bereits in anderen Bereichen der Orthographie, etwa der Wortschreibung oder der Groß- und Kleinschreibung, wurden auch zur Kommasetzung in den letzten Jahren vermehrt überzeugende Arbeiten veröffentlicht – sowohl zu ihrer Systematisierung als auch zu ihrer schulischen Vermittlung. Sollte es uns mit dem vorliegenden Band gelingen, dass die Leserschaft das System der deutschen Kommasetzung besser versteht als durch bloßes Nachschlagen von Regeln und sie darüber hinaus Impulse erhält, wie das Thema im Schulunterricht spannend und gewinnbringend umsetzbar ist, sodass die Lernenden systematisch verstehen und reflektieren können, warum sie an manchen Stellen Kommas setzen (sollten) und an manchen nicht, haben wir unser Ziel erreicht.

Der Band hätte in der vorliegenden Form nicht ohne die Mithilfe bestimmter Personen fertiggestellt werden können, denen wir an dieser Stelle ausdrücklich danken möchten: An vorderster Stelle seien unsere Familien genannt, die uns in der „heißen Schreibphase" Raum gelassen und sich für die eine oder andere Aufgabe als Testpersonen zur Verfügung gestellt haben. Ebenso möchten wir unseren Studierenden danken, die sich in zahlreichen Lehrveranstaltungen auf unseren Ansatz einließen, kritische Fragen stellten und einzelne Aufgaben in der Schulpraxis erprobt haben.

Dank gebührt auch den Herausgebern der Reihe „**S**prachlich-**L**iterarisches **L**ernen und **D**eutschdidaktik (E)" für Ihre konstruktive Kritik, insbesondere Björn Rothstein für seine pragmatische Unterstützung in verschiedenen Phasen der Manuskriptentstehung und die stets erfrischenden Diskussionen. Den beiden anonymen Gutachtern danken wir für ihre zahlreichen wertvollen Hinweise sowie Renate Musan für ihre Bereitschaft, mit uns über syntaktische Zweifelsfälle nachzudenken. Last but not least möchten wir uns bei Caroline Schuttkowski und Sandra Meyer für die Hilfen bei der Korrektur bedanken. Wie bei Publikationen leider nicht vermeidbar, bleiben am Ende auch hier Fehler unbemerkt. Sie sind selbstverständlich von uns zu verantworten.

Koblenz und Osnabrück im Mai 2020

Gesine Esslinger und Christina Noack

0 | Statt einer Einleitung: Was Sie in diesem Buch erwartet und warum

Die Kommasetzung hat allgemein keinen guten Ruf. Selbst unter Wissenschaftlern galt sie über Jahrzehnte als „besonders kompliziert" (Baudusch 1997b: 243), als „Kummerkapitel" (Eichler & Küttel 1993: 38) des Orthographieerwerbs – oder schlicht als „sprödes Thema" (Eisenberg 1994: 349). Obwohl in der **Orthographiereform** von 1996 und ihrer Re-Reform 2006 die Anzahl der bis dahin gültigen Kommaregeln um fast die Hälfte reduziert wurde (Baudusch 1997a: 490), gilt die Kommasetzung nach wie vor als „schwer überschaubar" (Nerius 2007: 247). Dabei erhofften sich die Reformer von der Reduzierung der Kommaregeln einen Rückgang der Kommafehler – eine Rechnung, die laut empirischer Studien jedoch nicht aufging: So entfallen gemäß einer Untersuchung von Abitursaufsätzen im Land Brandenburg rund 46% aller Orthographiefehler auf die Interpunktion, 90% davon auf das Komma (Pießnack & Schübel 2005). Eine großangelegte Studie an der Universität Duisburg-Essen brachte ans Tageslicht, dass nur 7,2 % der Studienanfänger im Lehramt zuverlässig über eine korrekte (normkonforme) Zeichensetzung verfügen (Bremerich-Vos & Scholten-Akoun 2016). An einer Pädagogischen Hochschule in Baden-Württemberg zeigte sich, dass den meisten Studierenden und Abiturienten ein

> „grundsätzliches Verständnis dafür [fehlt], welche Funktion/en das Komma überhaupt hat, und mit welchen Operationen entschieden werden kann, ob es zu setzen ist oder nicht" (Krafft 2016: 154; vgl. auch die Studie von Colombo-Scheffold 2016).

Entsprechend sind viele Lehramtsstudierende nicht in der Lage, „Nebensätze" (untergeordnete Sätze) zuverlässig zu kommatieren – und zwar unabhängig davon, ob sie konjunktional eingeleitet sind oder nicht (Krafft 2016: 154). Selbst Lehrkräfte, die das Fach Deutsch studiert haben, empfinden die aktuell gültigen Kommaregeln als „verwirrend und unsystematisch" (Bernasconi & Hlebec 2015: 505). Das heißt: Mit den traditionellen Ansätzen der Kommadidaktik (s. Kap. 2) erwirbt ein nicht geringer Teil der Lernenden bis zum Ende der Schulzeit weder eine normgerechte Kommasetzung noch ein ausreichendes Verständnis darüber, wozu die kleinen Zeichen überhaupt gut sind. Im Gegensatz dazu hat vor rund 20 Jahren eine empirische Studie zur Entwicklung des Kommaerwerbs gezeigt, dass nicht wenige Grundschulkinder bereits in Klasse 2 in ihren eigenen Texten Kommas verwenden – obwohl das Komma im Unterricht noch gar nicht thematisiert wurde – und sich dabei teilweise als recht sichere Kommasetzer erwiesen (Afflerbach 1997; vgl. auch die Diskussion in Sappok 2011: 19 ff.). Dauberschmidt (2016) kommt am Übergang von der Grundschule zur Sekundarstufe I zu ähnlichen Ergebnissen und konstatiert, dass

> „die Anforderungen [des niedersächsischen Kerncurriculums; G.E./C.N.] systematisch hinter den Fähigkeiten der Schüler/innen zurück[bleiben], was sich ungünstig auf den Lernprozess auswirken kann" (ebd.: 189).

Diese Kinder scheinen die Kommasetzung mithilfe von „Eigenregeln" von sich aus erworben zu haben, was im Lichte jüngerer Forschungen auch erklärbar ist. So weiß man aus der Kognitionspsychologie, dass Kinder (Schrift-)Sprache nicht über das bewusste Anwenden von Regeln, sondern über den impliziten (unbewussten) Erwerb sprachlicher Muster erwerben, sofern sie ausreichend häufig mit den entsprechenden Mustern konfrontiert werden (s. 3.3). Auch für die Kommasetzung existieren im Deutschen entsprechende Muster, wobei aktuell in der Schriftlinguistik Konsens herrscht, dass es drei syntaktische Grundmuster sind, nach denen die gesamte Kommasetzung geregelt ist (s. Kap. 1):

- Mustertyp 1: Komma bei **Aufzählungen** (*Peter kaufte Käse, Radieschen und Gurken.*),
- Mustertyp 2: Komma bei **Herausstellungen** (*Peter, kauf jetzt endlich Käse!*),
- Mustertyp 3: Komma zwischen **Satzgrenzen**[1] (*Peter weiß, dass er Käse kaufen soll.*), zu denen auch satzwertige Infinitive gehören (*Peter verspricht, noch heute Käse zu kaufen.*) (nach Primus 1993).

Wer über dieses Musterwissen in Form kognitiver Repräsentationen (unbewusst) verfügt und es beim Lesen und Schreiben als „syntaktisches Wissen in Funktion" (Funke 2005) aktivieren kann (s. 3.3; 4.1), ist offenbar in der Lage, Kommas automatisiert, also ohne bewussten Regelabruf, zu setzen. Wie die eingangs zitierte empirische Befundlage zeigt, gelingt dies in umfassender Weise jedoch nur wenigen. Das deutet darauf hin, dass viele Lernende nicht ausreichend „sensibel" für das Komma und die damit verbundenen Satzmuster sind. Dies ist insofern wenig erstaunlich, als der herkömmliche Kommaunterricht kaum zum syntaktischen Mustererwerb beiträgt – er scheint ihn in Teilen sogar zu verhindern (vgl. die empirischen Studien von Afflerbach 1997; Metz 2005; Müller 2007; Dauberschmidt 2016). Denn die Voraussetzung für einen erfolgreichen, implizit (unbewusst) ablaufenden Mustererwerbsprozess ist gemäß der „usage-based theory" eine ausreichend häufige Rezeption von entsprechenden Mustern (vgl. Pracht 2010: 34 ff.), die der traditionelle Interpunktionsunterricht nicht bietet. Stattdessen führt er die Lernenden nicht selten auf ein falsches Gleis, indem er Strategien vermittelt, die nicht zielführend sind (s. Kap.2). Das bedeutet: Wer nach „Gefühl" Kommas korrekt setzen kann, tut dies anhand seiner bisherigen Erfahrung mit dem Komma, die im Sinne der „usage-based theory" durch das Lesen entsteht. Was das Komma für den Leseprozess leistet (s. 3.1), verdeutlichen die folgenden Beispiele:

(1) (a) Wir essen jetzt, Kinder!
(a') Wir essen jetzt Kinder!
(b) Anna, vermutet ihre Mutter, ist in Tom verliebt.
(b') Anna vermutet, ihre Mutter ist in Tom verliebt.
(c) Wir bitten, die Gäste an der Theke zu bezahlen.
(c') Wir bitten die Gäste, an der Theke zu bezahlen.

[1] Wie wir in Kap. 1 zeigen werden, sind die Muster in ihren jeweiligen Ausprägungen durchaus divers: So ist beispielsweise die Abfolge zwischen Haupt- und Nebensätzen variabel, letztere können konjunktional eingeleitet sein oder auch nicht.

Nur wer über die Fähigkeit verfügt, Kommas beim Lesen grammatisch zu verarbeiten, kann die Bedeutungsunterschiede in den gegebenen Satzpaaren konstruieren – und die durch die Kommasetzung verursachte Komik in den Beispielen (1 a') und (1 c) erfassen. Diese sogenannte rezeptive **Interpunktionskompetenz** ist keine marginale, autonome Kompetenz, sondern ein wichtiger Bestandteil allgemeiner Textkompetenz (s. 3.2), was sich aus produktiver Perspektive auch beim Textschreiben beobachten lässt. Allerdings kann man nicht davon ausgehen, dass rezeptive und produktive Kompetenz in sämtlichen Bereichen gleichermaßen sicher ausgebildet sind, wie die folgenden fehlerhaften Schreibungen aus studentischen Hausarbeiten illustrieren:

(2) (a) „So ist das Auftreten eines Dehnungs-h nicht sicher vorherzusagen, da die Stellen, an denen es verschriftet wird_zwar beschrieben werden können, diese aber nicht unbedingt ein h implizieren."

(b) „Da das Wort dem Großteil der SuS nicht bekannt war, hatten sie keine Möglichkeit _diese Strategie anzuwenden."

(c) „Eigene, durch die SuS selbst entwickelte, Strategien werden ebenfalls berücksichtigt."

Die Beispiele zeigen, was bei eigentlich kompetenten Lesern/Schreibern fehleranfällig ist, und skizzieren gleichzeitig die Leistungen des Kommas für das Lesen: In (2a) wird bei einem eingeschobenen **Nebensatz** (**Konstituentensatz**) der zweite Teil des obligatorischen **paarigen Kommas**[2] nicht realisiert. Das bedeutet, dass zwar der Anfang des Nebensatzes richtig gekennzeichnet wird, nicht aber dessen Ende, bevor sich der **Matrixsatz** (Hauptsatz) fortsetzt. In (2b) wird ein laut §75 der Amtliche Regelung (im Folgenden kurz: AR) obligatorisches Komma bei Infinitivgruppen nicht gesetzt; obligatorisch ist es u. a. dann, wenn die **Infinitivgruppe** wie hier von einem Substantiv („Möglichkeit") abhängt. In (2c) wird eine Aufzählung („eigene, selbst entwickelte Strategien") als Einschub fehlgedeutet. Das zweite Komma ist überflüssig.

Solche Fehler finden sich zuhauf in studentischen Arbeiten; sie unterlaufen also Personen, denen man eine gewisse Lese- und Schreiberfahrung unterstellen kann. Aus diesem Grund hat auch die bereits erwähnte Studie von Bremerich-Vos und Scholten-Akoun (2016) für Aufmerksamkeit gesorgt: Es waren Lehramtsstudierende, denen Lücken in der Kommakompetenz nachgewiesen wurden. Das bedeutet: Bei nicht wenigen Schreibern führt das Komma nach Gefühl nur in einem begrenzten Rahmen zu richtigen Ergebnissen; spätestens in Zweifelsfällen, z. B. aufgrund konkurrierender Bedingungen (z. B. Einschub vs. Aufzählung) versagt es ebenso zuverlässig. Offenbar gibt es syntaktische Bereiche, die eine kognitive Steuerung erfordern – diese setzt wiederum erworbenes Wissen voraus, das während des Schreibprozesses metakognitiv abgerufen werden kann.

An dieser Stelle setzt unser Ansatz einer sprachreflexiven, vom Lesen zum Schreiben führenden Kommadidaktik an; wir werden ihn im weiteren Verlauf dieses Buches vorstellen und linguistisch sowie didaktisch begründen. Die einzelnen Kapitel bauen inhaltlich aufeinander auf, weshalb für ein tiefergehendes didaktisches Verständnis die chronologische Lektüre empfohlen

[2] Unter einem „paarigen Komma" wird die Kommatierung zu Beginn und am Ende eines Einschubs verstanden. Es entspricht einer Klammerung aus einem öffnenden und einem schließenden Element, vgl. *Der Mann, den ich gestern gesehen habe, kam mit bekannt vor.* ≅ *Der Mann [den ich gestern gesehen habe] kam mir bekannt vor.*

wird. Um jedoch auch eiligen Lesern, die direkt zu einzelnen Kapiteln „springen" möchten, eine umfassende Orientierung zu ermöglichen, haben wir den Text mit zahlreichen Kapitelverweisen versehen. Inhaltlich gliedert sich der vorliegende Band folgendermaßen:

Kapitel 1 widmet sich zunächst der Systematik der Kommasetzung im Deutschen. Dabei wird deutlich, dass es lediglich 3 Strukturmuster sind, in denen das Komma stehen kann: bei Aufzählungen (*Franz mag Bananen, Äpfel, Birnen und Pflaumen.*), bei Herausstellungen (*Wir essen jetzt, Kinder.*) und bei (unterschiedlichen Typen von) Satzgrenzen (*Lene verspricht, Ülkü künftig bei den Hausaufgaben zu helfen.*). Mit diesen drei Gruppen lässt sich Primus (1993) zufolge die Kommasetzung des Deutschen im Kern hinreichend beschreiben.

Darauf aufbauend wird in Kapitel 2 anhand von Schulbuchaufgaben für den Primar- und Sekundarbereich aufgezeigt, welche Chancen und Grenzen unterschiedliche didaktische Ansätze haben, in denen wahlweise **Sprechpausen** (2.1), **Sinnabschnitte** (2.2), **Signalwörter** (2.3), **Haupt- und Nebensatz-Grenzen** (2.4) oder **Satzgrenzen** indizierende Verben und ihre Valenzrahmen (2.5) als Kommaauslöser fokussiert werden. Um die Reichweite der einzelnen Strategien zu testen, unterziehen wir jede von ihnen einem Stresstest – dabei wenden wir mechanisch die Strategien in Reinform an, auch wenn dies nicht mit den kognitiven Abläufen eines realen Schreibers/Lesers vergleichbar ist. Worum es uns dabei geht, ist einerseits die Bereiche zu identifizieren, welche durch die Strategien nicht abgedeckt werden, und andererseits Widersprüche aufzuzeigen, die durch eine strikte Anwendung der Strategien entstehen können. Die exemplarisch ausgewählten Schulbuchbeispiele werden durch zum Teil empirische fachwissenschaftliche und didaktische Hintergrundinformationen ergänzt, die ein tieferes Verständnis ermöglichen und gleichzeitig deutlich machen, worin das Novum der im vorliegenden Band favorisierten sprachreflexiven Kommadidaktik liegt, die vom reflexiven Lesen zum orthographisch korrekten Schreiben führen sollte.

Anschließend wechseln wir in Kap. 3 von der sogenannten ***offline***- in die ***online***-Perspektive[3] und erfahren nicht nur, dass das Komma spezifische Sprachverarbeitungsprozesse beim Lesen steuert (s. o. die Beispiele (1a) – (1c)), sondern auch, dass seine Funktion und mithin sein Stellenwert im gesamten Interpunktionssystem erst im Kontrast zu anderen syntaktischen Interpunktionszeichen (wie dem **Punkt**, dem **Semikolon** und dem **Doppelpunkt**) erkennbar wird (vgl. Bredel 2008; 2011). Anschließend werden empirische Befunde einer Lesestudie mit Schülern der 8. Klassenstufe resultativ vorgestellt, die belegen, dass nicht alle Lernenden der Sekundarstufe in der Lage sind, das Komma beim Lesen zuverlässig auszuwerten und kommainduzierte Bedeutungsunterschiede zu verstehen. Darüber hinaus kann gezeigt werden, dass die Fähigkeit, Kommas beim Lesen zur Bedeutungskonstruktion zu nutzen (rezeptive Interpunktionskompetenz), eine graduell ausgeprägte Teilkompetenz allgemeiner Lesefähigkeit ist (3.2). Im Anschluss stellen wir unter Bezug auf die in der Kognitionspsychologie populäre „usage-based theory" dar, inwiefern der kindliche Kommaerwerb (wie der Schriftspracherwerb insgesamt) einen kognitiven Mustererwerbsprozess darstellt, der auf Analogie- und Hypothesenbildungsprozessen beruht, die wiederum durch den rezeptiven „Gebrauch" sprachlicher Muster angestoßen werden (3.3).

[3] Die Begriffe „online" bzw. „offline" beziehen sich auf unterschiedliche Prozesse der kognitiven Wissensverarbeitung; wir werden auf S. 50 näher darauf eingehen.

Auf dieser Grundlage gehen wir in Kapitel 4 auf verschiedene Wissensarten ein (4.1) und stellen darauf aufbauend einen Orientierungsrahmen (4.2) sowie didaktische Leitlinien für eine neue, lesebasierte und sprachreflexiv angelegte Kommadidaktik vor: In dieser können Lernende – nach Möglichkeit spielerisch und experimentell – beim (Komma-)Lesen über die Reflexion des eigenen Leseprozesses Einsichten in **syntaktische Muster** und die **lesersteuernde Funktion** des Kommas gewinnen und – durch eine solchermaßen entwickelte und kognitiv gestützte, sprachsensible Haltung – zum korrekten (Komma-)Schreiben gelangen (4.3). Dabei wird an konkreten Aufgabenbeispielen gezeigt, wie Schüler entdecken können, dass die zentrale Bezugsgröße für das Satzverstehen das Verb ist.

Im Vergleich dazu und unter Bezug auf Kapitel 2 beleuchten wir in Kapitel 5 alternative didaktische Ansätze, die in der sprachdidaktischen Community aktuell ebenfalls thematisiert werden.

Ein Fazit in Kapitel 6 verdeutlicht, dass die im vorliegenden Band dargestellten Erkenntnisse zum Komma und zum Kommaerwerb in einem Gesamtkontext der Wort-, Satz- und Textgrammatik bzw. des Wort-, Satz- und Textlesens stehen – und inwieweit der hier vorgestellte muster- und leserorientierte Ansatz anschlussfähig ist. Um den Lesern dieses Bandes die Möglichkeit zu geben, das erworbene Wissen anzuwenden und zu vertiefen, schließen viele Kapitel mit Übungsaufgaben ab. Darüber hinaus finden interessierte Leser in sogenannten „Vertiefungsboxen“ Hintergrundinformationen zu einzelnen Themen. Ein Sachregister am Ende des Bandes verweist auf die im Text verwendeten zentralen Fachbegriffe.

Nach Abwägung aller Optionen für eine gendergerechte Sprache haben wir uns der besseren Lesbarkeit halber für das generische Maskulinum entschieden. Dass wir damit bei einem Teil der Leserinnen und Leser deren Erwartungen nicht entsprechen, ist uns bewusst.

Zu den im Text gestellten Übungsaufgaben finden sich Lösungsvorschlage unter:
https://doi.org/10.46586/SLLD.146

1 | Die drei Kommatierungsmuster im Deutschen

Die Hauptkritik an der Duden-Rechtschreibung (künftig kurz: DUDEN-RS), die sich an der AR orientiert, lautet, dass sie die Rechtschreibung zu kleinteilig in zahlreiche Einzelregeln aufsplittet (vgl. z. B. Maas 1992; Bredel 2008: 177 ff.); allein die Kommasetzung wird in der aktuellen Auflage (DUDEN-RS [27]2017) in 33 Einzelregeln verhandelt. Für ein einzelnes Zeichen ist dies eine relative hohe Zahl; 33 Regeln im Kopf zu behalten ist weder lernförderlich noch schreiberfreundlich. Hinzu kommt, dass es einer nicht linguistisch vorgebildeten Person schwerfallen dürfte, die jeweils passende Regel herauszufinden. Machen wir dazu ein kleines Experiment: Ordnen Sie bitte die folgenden Kommatierungsfälle (1 a-d) den Regelbeispielen (aus DUDEN-RS [27]2017: 82 ff.) zu:

(1) (a) Ich frage mich wann die Aufführung beginnt.
(b) Sie ging den Schirm unter den Arm geklemmt über die Straße.
(c) Er versprach keine Dummheiten zu machen.
(d) Sie bat darum nicht wieder zu spät zu kommen.

> D 114 „Partizip- oder Adjektivgruppen kann man durch Komma abtrennen, um die Gliederung eines Satzes deutlich zu machen oder um Missverständnisse auszuschließen."
> D 116 „(Satzwertige) Infinitivgruppen kann man durch Komma abtrennen, um die Gliederung des Satzes deutlich zu machen."
> D 117 „(Satzwertige) Infinitivgruppen werden unter den folgenden Bedingungen immer durch Komma abgetrennt: [...] Die Infinitivgruppe wird mit einem hinweisenden Wort angekündigt oder wieder aufgenommen. [...]"
> D 121 „Nebensätze werden vom übergeordneten Satz mit Komma abgetrennt. [...]"

Offensichtlich wird hier einiges an Fachwissen vorausgesetzt, zum Beispiel was eine „Infinitivgruppe" ist und was „satzwertig" bedeutet; selbst Lehramtsstudierende der Germanistik verfügen aktuellen Studien zufolge nicht ausreichend über explizites grammatisches Wissen, um sämtliche Regeln zu durchschauen (vgl. Dämmer 2019, Rothstein, Schmadel & Wöllstein 2014).

Gleichzeitig stellt sich die Frage, ob so viele Regeln überhaupt nötig sind bzw. ob es sich bei der Kommasetzung tatsächlich um 33 unterschiedliche Fälle handelt. Um dies zu beantworten, müssen wir zwischen Norm und System unterscheiden. Die 33 Regeln der DUDEN-RS, die ihrerseits eine benutzerfreundliche Umsetzung der AR darstellen[4], beschreiben die Norm, also die Fälle, die als richtige Schreibung vorgegeben sind. Normvorgaben folgen einem präskriptiven Duktus, meist mit der Formel „Unter der Bedingung X schreibt man Y". Rechtschreibregeln schreiben also *vor* – und zwar auf Grundlage einer grammatischen Systematik. Diese Systematik, die einerseits gegenüber kurzfristigen Veränderungen eine gewisse Stabilität besitzt, sich andererseits über Generationen hinweg wandelt, ist linguistisch *be*schreibbar, wodurch sich bestimmte sprachliche Muster herausschälen lassen, die helfen, Regularitäten und Ausnahmen, aber auch Zweifelsfälle zu erkennen. Wenn es im Unterricht gelingt, diese Zusammenhänge zwischen Norm und System deutlich zu machen und die Schüler zu entsprechenden sprachlichen Reflexionen anzuregen – so unser Ansatz –, sollte die Kommasetzung sich sicher beherrschen lassen.

Schauen wir uns nochmals einige Beispielsätze an, die in der DUDEN-Rechtschreibung ([27]2017: 76 ff.) zu einzelnen Regeln gegeben werden:

(2) (a) „Sie kaufte ihrer Tochter einen Koffer, einen Mantel, ein Kleid und was sonst noch für die Reise gebraucht wurde." (D 123: Nebensätze können mit gewöhnlichen Satzteilen Reihungen bilden.)

(b) „Die Genehmigung kann nicht erteilt werden, wenn die Gefahr besteht, dass sie missbraucht wird." (D 124: Das Komma trennt Nebensätze verschiedenen Grades.)

(c) „Sie hat, das weiß ich genau, ihr Examen mit Auszeichnung bestanden." (D 120: Eingeschobene selbstständige Teilsätze werden von Kommas eingeschlossen.)

(d) „Wenn das wahr ist, wenn du ihn wirklich nicht gesehen hast, dann brauchst du dir keine Vorwürfe zu machen." (D 122: Zwischen gleichrangigen Nebensätzen steht ein Komma.)

(e) „Ich wollte nur am Strand sitzen, keine Berge besteigen, keine Museen besuchen, an keiner Weinprobe teilnehmen." (D 100: Das Komma steht bei Aufzählungen[5], zwischen gleichrangigen Wörtern und Wortgruppen, wenn sie nicht durch Wörter wie *und* oder *oder* verbunden sind.)

Hinter diesen für linguistische Laien eventuell kryptisch klingenden Regeln verbergen sich auf Seiten des Systems einige wenige Grundstrukturen: So beziehen sich die Beispiele (2 a), (d) und (e) auf Aufzählungen, die Beispiele (2 b) und (c) auf das Komma zwischen (Teil-)Sätzen. Wenn man die Sätze vereinfacht, werden die Muster sichtbar (E = Ergänzung; VGr = Verbalgruppe; HS = Hauptsatz; NS = Nebensatz; NS_1= Nebensatz ersten Grades etc.):

4 Wenn wir von den DUDEN-Regeln sprechen, beziehen wir uns auf den von der Redaktion des Rechtschreibdudens entwickelten Regelkatalog im vorderen Teil des Wörterbuchs. Diesen Regeln liegt das sogenannte Amtliche Regelwerk zugrunde, das vom Rat für Deutsche Rechtschreibung verantwortet wird (https://www.rechtschreibrat.com).

5 In der Schulpraxis ist der Terminus „Aufzählung" üblich, die aktuelle DUDEN-RS verwendet den Terminus (Begriff) „Reihung", in der Linguistik spricht man meistens von „Koordination". Unabhängig davon, welchem Terminus man den Vorzug gibt, ist Folgendes wichtig: Man kann nicht nur Wörter, sondern auch Wortgruppen und sogar ganze Sätze aufzählen/reihen/koordinieren.

- Syntaktische Grundmuster bei Aufzählungskomma:
  ad 2 a) Sie kaufte ihrer Tochter [E], [E], [E] und [E].
  ad 2 d) NS, NS, HS.
  ad 2 e) Ich wollte nur [VGr], [VGr], [VGr], [VGr].
- Syntaktische Grundmuster bei Satzgrenzenkomma:
  ad 2 b) HS, NS_1, NS_2.
  ad 2 c) HS, HS, HS.

Tatsächlich geht die Forschung davon aus, dass es wenige Fälle sind, in denen im Deutschen ein Komma gesetzt werden muss – dass also die Zahl der benötigten Regeln deutlich geringer ist, als es die AR vorgibt. Wie in Abschnitt 2.4 noch beschrieben wird, haben Wolfgang Menzel und Horst Sitta bereits vor der Rechtschreibreform die (im damals aktuellen Rechtschreib-DUDEN in der 18. Auflage von 1980) 38 Kommaregeln (ohne Regelzusätze) zu nur fünf Phänomenen zusammengefasst, und zwar in einer Weise, wie sie der Duden selbst auch vorgab, nämlich „Komma zwischen Satzteilen", „Komma bei Partizip- und Infinitivgruppen", „Komma zwischen Sätzen", „Komma zwischen ‚und' oder ‚oder', „Komma beim Zusammentreffen einer Konjunktion mit einem Adverb" (DUDEN-RS [18]1980: 36).

Eine noch systematischere Kondensation des umfangreichen Regelapparats findet sich bei Primus (1993), die – ebenfalls vor der Reform – lediglich drei Prinzipien annimmt (ähnlich wie Primus argumentiert auch Melenk 1998; s. dazu 2.4):

- Komma bei Koordination
- Komma bei Herausstellungen
- Komma zwischen Sätzen (auch Teil- bzw. Gliedsätzen)

Zum besseren Verständnis wollen wir im Folgenden die einzelnen Grundmuster näher erläutern und mit Beispielen illustrieren. Dabei gehen wir mit Beispiel (3 a) von einer Satzstruktur aus, die kein Komma erfordert (vgl. Kasten „Komma-Nicht-Setzungsregel").

Komma-Nicht-Setzungsregeln

Anstatt zu regeln, *wann* ein Komma zu setzen ist, kann man Aussagen treffen, *wann kein* Komma möglich ist. Maas (1992: 87) schlägt dafür folgende Formulierung vor: „[S]tehen alle Elemente in einer spezifisch differenzierten funktionalen Beziehung zueinander, werden [sie] nicht durch ein Interpunktionszeichen getrennt." Mit anderen Worten: Unterschiedliche Satzglieder, die innerhalb eines Satzes miteinander in Beziehung stehen, werden nicht durch Komma getrennt.

Etwas vereinfacht formuliert es die DUDEN-Rechtschreibung in der aktuellen Ausgabe ([27]2017: 75):

Kein Komma ohne Grund! Im folgenden Satz liegt weder eine Reihung noch ein Zusatz oder ein Nebensatz vor. Es gibt daher keinen Grund für ein Komma:

(Falsch:) Nach einer langen Reise mit Zug und Bus, kamen wir endlich am Nordkap an.

(Richtig:) Nach einer langen Reise mit Zug und Bus kamen wir endlich am Nordkap an.

(3) (a) In der Küche schneidet Franz das Gemüse.

Es handelt sich hierbei um einen einfachen Satz, bestehend aus dem Verb und seinen Ergänzungen: dem Subjekt (*Franz*), einem Akkusativobjekt (*das Gemüse*) und einem Lokaladverbial (*in der Küche*). Alle Elemente stehen also in einer differenzierten syntaktischen Beziehung zueinander, folglich kann hier kein Komma stehen. An dieser Stelle ist wichtig, darauf hinzuweisen, dass es strukturell vollkommen unerheblich ist, wie viele Elemente ein Satz aufweist bzw. wie lang er ist. Selbst ein Satz wie im folgenden Beispiel (3 b) besteht aus Elementen, die aufgrund ihrer differenzierten syntaktischen Relationen kein Komma evozieren:

(3) (b) Immer noch in der ziemlich kleinen Küche und mit neuen Kochideen im Kopf schnitt der ewig muntere und inspirierte Franz das heute Morgen auf dem Wochenmarkt zu einem günstigen Preis und in großer Menge gekaufte Gemüse mit dem extra aus Japan bestellten Küchenmesser.

Allerdings ist darauf hinzuweisen, dass die AR dem Schreibenden eine Abgrenzung bestimmter Satzelemente, z. B. zur besonderen Hervorhebung, erlaubt (s. u. S. 14).

1.1 | Komma bei Aufzählung

Wenn wir nun eine der Satzgliedfunktionen (Ergänzungen bzw. Angaben[6]) mehrfach besetzen wollten, wäre die Satzstruktur nicht mehr kontinuierlich. Wir schreiben eine solche Mehrfachbesetzung[7] zunächst als Liste untereinander:

(1) (a)

Bei der Arbeit In der Küche Auf dem Campingplatz	schneidet Franz das Gemüse.

Das Satzelement Lokaladverbial ist hier durch mehrere gleichwertige Ausdrücke besetzt. Bildlich gesprochen kann man sich die **Mehrfachbesetzung** einer Satzgliedfunktion so vorstellen, als würden mehrere Kinder [= strukturelle Einheiten] auf einem Schlitten [= Satzgliedfunktion] sitzen (vgl. Noack 2018.) Theoretisch wäre es möglich, diese **Mehrfachbesetzung** dem Leser durch eine untereinandergeschriebene Liste anzuzeigen. Die deutsche Schrifttradition hat sich – wohl aus ökonomischen Gründen – anders entwickelt: Wir schreiben die Liste nicht *unter*einander, sondern *neben*einander, verwenden Kommas bzw. eine **Konjunktion**, um das mehrfach vorkommende Element zu kennzeichnen – und bezeichnen das Ganze als „Aufzählung“:

(1) (b) Bei der Arbeit, in der Küche <u>und</u> auf dem Campingplatz schneidet Franz das Gemüse.

[6] Unter Ergänzungen werden die vom Verb geforderten Satzglieder verstanden; obligatorische Ergänzungen können i.d.R. nicht weggelassen werden, ohne dass der Satz ungrammatisch wird, vgl. *Lisa schenkt ihrer Oma einen Laptop; * Lisa schenkt Ihrer Oma*. Freie Angaben, meist Adverbiale, liefern weitere Informationen, ohne vom Verb regiert zu werden, z. B. *Lisa schenkt ihrer Oma <u>zu Weihnachten</u>/<u>im Urlaub</u>/<u>jetzt</u> einen Laptop.*

[7] Der Ausdruck „Mehrfachbesetzung“ stellt hier keine terminologische Alternative zu „Aufzählung“ dar, sondern beschreibt die der Aufzählung syntaktisch zugrundeliegende Struktur.

Nicht um eine Aufzählung handelt es sich, wenn die Elemente miteinander in einer syntaktischen Beziehung stehen:

(1) (c) Bei der Arbeit in der Küche auf dem Campingplatz schneidet Franz das Gemüse.

Der Ausdruck „auf dem Campingplatz" ist hier Attribut zu „in der Küche" (vgl. „wo befindet sich die Küche?"), und dieser wiederum zu „bei der Arbeit". Es liegt also keine Mehrfachbesetzung derselben syntaktischen Einheit vor.

Diese Strukturen kann man gut mit dem **topologischen Feldermodell**[8] verdeutlichen. Dieses teilt den Satz in eine linke und eine rechte **Satzklammer** ein. Die linke Satzklammer ist in Sätzen mit Verbzweitstellung (meist Aussagesätze, „Hauptsätze") mit dem finiten (flektierten) Verb besetzt. In der rechten Satzklammer steht in diesen Sätzen der infinite Verbteil oder – bei trennbaren Verben – die Verbpartikel. Vor der linken Satzklammer befindet sich das Vorfeld, zwischen linker und rechter Satzklammer das Mittelfeld und rechts von der rechten Satzklammer das Nachfeld. In Verbletztsätzen (eingeleiteten „Nebensätzen") steht das finite Verb in der rechten Satzklammer, während die linke Klammer dort z. B. mit der unterordnenden Konjunktion (**Subjunktion**) belegt ist.

	VF	LiSK	MF	ReSK	NF
(2) (a)	In der Küche	schneidet	Franz das Gemüse.		
(b)	In der Küche, bei der Arbeit und auf dem Campingplatz	schneidet	Franz das Gemüse.		
(c)	In der Küche bei der Arbeit auf dem Campingplatz	schneidet	Franz das Gemüse.		

(VF = Vorfeld; LiSK = Linke Satzklammer; MF = Mittelfeld; ReSK = Rechte Satzklammer; NF = Nachfeld)

In Beispiel (2 a) ist das Vorfeld durch ein Satzglied besetzt, in Beispiel (2 b) dagegen durch drei Satzglieder, die koordiniert (gleichberechtigt) und daher durch Komma bzw. Konjunktion voneinander getrennt sind. Es handelt sich um eine klassische Aufzählung. Beispiel (2 c) weist oberflächlich gesehen im Vorfeld zwar dieselben Elemente auf wie (2 b), hier jedoch mit subordinierter Struktur („auf dem Campingplatz" ist „bei der Arbeit" untergeordnet, diese Einheit wiederum ist „auf dem Campingplatz" untergeordnet).

Mehrfachbesetzung funktioniert mit jeder syntaktischen Einheit: mit Wörtern und Satzgliedern, aber auch mit Sätzen bzw. Teilsätzen, wie die folgenden Beispiele belegen:

(3) (a) In der Küche <u>wäscht, schneidet und dünstet</u> Franz das Gemüse.
(b) In der Küche schneiden <u>Franz, Sarah und Tim</u> das Gemüse.
(c) In der Küche schneidet Franz <u>das Gemüse, das Fleisch und die Kräuter</u>.
(d) In der Küche <u>schneidet Franz das Gemüse, brät Sarah das Fleisch und wäscht Tim den Salat</u>.

8 Eine gut verständliche Einführung liegt mit Wöllstein (2014) vor.

1.2 | Komma bei Herausstellungen

Auch in dem zweiten Fall, bei dem die Kommasetzung erforderlich ist, liegt eine Unterbrechung der Satzstruktur vor. Unter sogenannten Herausstellungen sind Elemente zu verstehen, die „zu einem Satz gehören, nicht aber syntaktisch in ihn integriert und häufig auch nicht integrierbar sind" (Bredel 2011: 76). Nehmen wir wieder unseren Beispielsatz *In der Küche schneidet Franz das Gemüse.* Der Satz kann ohne Kommatierung durch weitere Angaben (adverbiale Bestimmungen) ergänzt werden:

(1) (a) In der Küche schneidet Franz jeden Morgen das Gemüse.
(b) In der Küche schneidet Franz ohne große Lust das Gemüse.
(c) In der Küche schneidet Franz das Gemüse mit dem alten Messer.

Hierbei handelt es sich noch nicht um Herausstellungen, sondern um in den Satzbauplan, genauer: ins Mittelfeld, integrierte Angaben; normalerweise sind dies Adverbiale (der Zeit, des Ortes, der Art und Weise, des Grundes). Dass sie in den Satz integriert sind, kann man z. B. daran erkennen, dass sie sich in das Vorfeld verschieben lassen: *Jeden Morgen schneidet Franz das Gemüse in der Küche* usw.

In Fällen wie den folgenden jedoch fällt das jeweils unterstrichene Element am linken bzw. rechten Rand aus dem **Kernsatz** heraus:

(2) (a) In der Küche schneidet Franz das Gemüse, oder?
(b) Sieh mal, in der Küche schneidet Franz das Gemüse.

Das Komma zeigt die Kernsatzgrenze an und ist deshalb obligatorisch.

Eine ausführliche Darstellung zu dem Phänomen der Herausstellung stammt von Altmann (1981). In Anlehnung daran führt Bredel (2011) die folgenden Fälle von Herausstellungen im Deutschen auf:

(3) (a) Linksversetzung: Die Helga, die habe ich noch nie gemocht.
(b) Freies Thema: Apropos Bücher, ich hab noch eins von dir.
(c) Interjektionen: Ach, das weiß ich nicht.
(d) Vokative: Helga, komm jetzt.
(e) Rechtsversetzung: Ich mag ihn, den Peter.
(f) Nachtrag: Peter ist im Urlaub, und zwar in Berlin.
(g) Augmente: Wir gehen doch ins Kino, oder?"
(Bredel 2011: 76; Hervorhebungen im Original in Fettdruck; typographische Gestaltung der Aufzählung von G.E/C.N an Format des vorliegenden Bandes angepasst)

Für die Kommasetzung ist es nicht wichtig, die einzelnen Fälle von Herausstellungen semantisch zu unterscheiden. Was jedoch eine Rolle spielt, ist ihre Position im Satz – um Herausstellungen überhaupt als solche zu erkennen. Neben Links- und Rechtsherausstellungen gibt es auch den Fall, dass die betreffenden Elemente im Inneren des Satzes stehen, wie in folgendem Beispiel:

(4) In der Küche schneidet Franz, Lisas Schürze vor dem Bauch, das Gemüse.

Eine besondere Form von Herausstellungen stellen Sätze dar, vgl.:

(5) (a) In der Küche schneidet Franz, Lisas Schürze vor dem Bauch, das Gemüse. (Herausstellung in Form einer Ellipse, vgl. S. 18)

(b) In der Küche schneidet Franz, er hat sich Lisas Schürze vor den Bauch gebunden, das Gemüse. (Herausstellung in Form eines Hauptsatzes)

In Fällen wie (5 b) verschwimmt die Grenze zwischen Komma bei Herausstellungen einerseits und Komma zwischen Sätzen andererseits, so dass eine eindeutige Zuordnung nicht vorgenommen werden kann.

Übung

Bestimmen Sie in den folgenden Sätzen (6), ob es sich um eine Linksherausstellung (Position vor dem Vorfeld), eine Rechtsherausstellung (Position nach der rechten Satzklammer) oder einen Einschub (innerhalb des Mittel- oder Vorfelds) handelt und setzen Sie jeweils das bzw. die Komma/s:

(6) (a) Die Helga immer witzig finde ich überaus sympathisch.

(b) Die Helga ist immer so nett nicht wahr?

(c) Die Helga die finde ich überaus sympathisch.

(d) Apropos Helga ist sie nicht nett?

Im Unterricht kann man diese Systematik z. B. mit farbigen Hervorhebungen für die Schüler sichtbar machen. Eine bewährte Methode ist auch, mit unterschiedlich gefärbten Papierstreifen zu arbeiten und die Sätze entsprechend zu zerschneiden und wieder zusammenzusetzen:

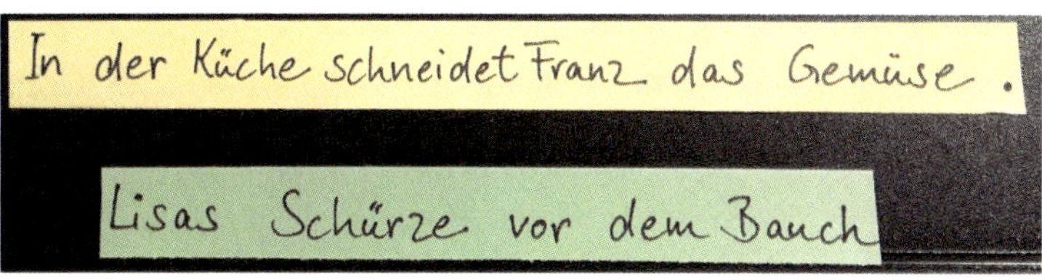

In der Küche schneidet Franz | Lisas Schürze vor dem Bauch | das Gemüse .

Mit dieser Übung entdecken die Schüler, dass der Matrixsatz vor dem **Einschub** bzw. der Herausstellung unterbrochen und anschließend fortgesetzt wird. Anschließend werden die Sätze ins Heft übertragen und zwar in der Weise, dass die Schüler an den Schnittkanten Kommas setzen. Am Satzende fällt natürlich das Komma mit der rechten Satzgrenze zusammen:

In der Küche schneidet Franz das Gemüse | Lisas Schürze vor dem Bauch | .

Mit dem obigen Beispiel wird auch deutlich, dass dasselbe Element nicht unbedingt sowohl als Einschub als auch als Links- bzw. Rechtsherausstellung funktioniert; eine Linksherausstellung ist mit der elliptischen Partizipgruppe „Lisas Schürze vor dem Bauch (gebunden)“ nicht ohne weiteres möglich, da sie vorfeldfähig ist und der Satz dann umgestellt werden müsste:

(7) (a) *Lisas Schürze vor dem Bauch schneidet Franz in der Küche das Gemüse.*

Nicht jedoch:

(7) (a‘) *Lisas Schürze vor dem Bauch, Franz schneidet das Gemüse.

Unter Umständen kann im Mittelfeld der Unterschied zwischen integriertem Adverbial und Herausstellung verschwimmen:

(7) (b) *In der Küche schneidet Franz, ohne große Lust, das Gemüse.*

Oder:

(c) *In der Küche schneidet Franz ohne große Lust das Gemüse.*

In (7 b) und (7 c) sind laut AR beide Schreibweisen – mit oder ohne Kommas – möglich:

> „§ 78 Oft liegt es im Ermessen des Schreibenden, ob er etwas mit Komma als Zusatz oder Nachtrag kennzeichnen will oder nicht.“ (AR 2018: 82)

1.3 | Komma zwischen Sätzen

Bisher haben wir uns mit den vergleichsweise einfachen Bereichen der Kommasetzung befasst. Notorisch schwierig ist das Komma zwischen Sätzen innerhalb eines komplexen Satzes. Folgende Fälle lassen sich hier unterscheiden:

- Komma zwischen „**Hauptsätzen**“
- Komma zwischen **Matrixsatz** und untergeordnetem Satz[9] (d.h., zwischen „Haupt“- und „Nebensatz“)
- Komma bei satzwertigen Elementen

Zunächst ist zu klären, was unter der Einheit „Satz“ zu verstehen ist: Wie wir in Abschnitt 2.5 genauer ausführen werden, verstehen Lindauer & Sutter (2005) in ihrem „Königreich“-Modell unter Sätzen auf Schriftebene Einheiten, die zwischen zwei Satzschlusszeichen stehen. Bußmann (2002: 578 f.) definiert Sätze als Einheiten, die in inhaltlicher, grammatischer und intonatorischer Hinsicht „vollständig“ sind und die nicht in eine größere Einheit eingebettet sind. Damit wären Nebensätze und Infinitivgruppen keine Sätze. Wir verwenden hier einen Satzbegriff,

[9] Die Termini „Matrixsatz“ und „eingebetteter Satz“ bzw. „Konstituentensatz“ sind linguistisch präziser als die in der Schulgrammatik verwendeten Begriffe „Hauptsatz“ und „Nebensatz“. Die Erfahrung zeigt, dass „Nebensatz“ von Schülern leicht semantisch umgedeutet wird, dahingehend, dass in ihm eher Nebensächliches stehe. „Hauptsatz“ suggeriert, dass er allein vollständig ist, was bei eingebetteten Subjekt- und Objektnebensätzen nicht der Fall ist, vgl. *Ich hoffe, dass er gut nach Hause gekommen ist* (= Objektnebensatz). Dennoch werden wir im Text mit den Begriffen „Hauptsatz“ und „Nebensatz“ arbeiten, da sie an die hier diskutierten Schulbuchansätze anschlussfähig sind. Ein gut verständlicher Überblick über Satzstrukturen und Satzglieder liegt mit Musan (2013) vor.

den wir für die Kommasetzung für zielführender halten: Ein Satz ist eine sprachliche Einheit aus einem Vollverb und dessen vom Verb geforderten, d.h. valenznotwendigen Ergänzungen sowie den freien Angaben und gegebenenfalls weiteren Bestandteilen (z. B. Subjunktionen). Bei einfachen und komplexen Sätzen ist damit die Kommasetzung klar geregelt.

Schwieriger ist die Kommasetzung bei sogenannten **satzwertigen Elementen**, die grammatisch keinen Satzstatus besitzen, aber wie (Neben)sätze behandelt werden. Machen Sie den Selbsttest: Steht in dem Satz *Er bat sie zum wiederholten Male(,) die Tür zu schließen.* ein Komma? Satzgrammatisch handelt es sich um eine nicht unterbrochene Kombination von Satzgliedern (Ersatzprobe: *Er bat sie zum wiederholten Male darum.*). Da es neben „*bat*" kein weiteres finites Verb gibt, liegt kein (Neben)satz vor. Trotzdem kann ein Komma stehen, denn die Phrase *die Tür zu schließen* ist – da sie ein eigenes Vollverb mit dem dazugehörigen **Valenzrahmen** beinhaltet – satzwertig. Satzwertig sind neben **Infinitiv- auch Partizipgruppen**, vgl. die Konstruktion *Gerade nach Hause gekommen(,) schloss sie die Tür.* In der DUDEN-RS ([27]2017, D 115) wird für Partizipgruppen eine Reihe von Bedingungen genannt, unter denen sie durch Komma abgetrennt werden müssen. Bei diesen Bedingungen handelt es sich jedoch stets um Aufzählungen oder Herausstellungen; nach dem hier vertretenen Ansatz der drei Grundmuster sind sie also redundant.

Bei den aus systematischer Sicht unproblematischen Infinitivgruppen wird die Kommasetzung durch die AR (2018: 83 f.; § 75) insofern erschwert, als sie nur dann als obligatorisch gilt, wenn

- der Matrixsatz ein Verweiswort bzw. Korrelat enthält (*Er bat sie darum, die Tür zu schließen; Ich liebe es, die Tür zu schließen*),
- der Matrixsatz ein Verweissubstantiv enthält (*Er verspürte den Wunsch, die Tür zu schließen*) oder wenn
- die Infinitivgruppe mit einer Subjunktion (*als, [an]statt, außer, ohne, um*) eingeleitet ist (*Sie stand auf, um die Tür zu schließen*).

Fehlen diese Bedingungen, wie in dem Satz *Er bat sie zum wiederholten Male(,) die Tür zu schließen.*, ist das Komma zwar nicht vorgeschrieben, aber generell möglich[10]. Aus didaktischer Sicht empfiehlt es sich daher, bei satzwertigen Infinitiv- und Partizipgruppen immer ein Komma zu setzen, weil dadurch Fehler einfach vermieden werden können und die Lesersteuerung gewährleistet ist.

[10] Einen instruktiven Überblick über die Regeländerungen beim Infinitiv-Komma im Zuge der Reform von 1996 und der Re-Reform von 2006 findet man bei Bredel (2011: 71f).

Exkurs: Überflüssige Kommas

Aber auch das Nichtsetzen von Kommas kann Probleme bereiten, wie wir an einem prominenten Beispiel zeigen möchten: dem sogenannten „**Vorfeldkomma**". Dieser relativ häufige Kommafehler, der auch in der aktuellen Ausgabe der DUDEN-Rechtschreibung aufgegriffen wird (DUDEN-RS [27]2017: 75) tritt üblicherweise in Sätzen mit Verbzweitstellung nach langen Satzgliedern im Vorfeld auf, z. B.:

(1) *<u>In seiner nagelneuen Küche mit den schicken Einbauschränken,</u> schneidet Franz das Gemüse.[11]

Dass auch die Medien vor diesem Fehlgriff nicht gefeit sind, zeigen Beispiele wie diese:

(2) *<u>Trotz der bisher nicht erfolgten Freigabe des Dümmers für den Segelsport,</u> haben mehrere Surfer die Windbedingungen genutzt. (Neue Osnabrücker Zeitung auf noz.de, 11.02.2020)

(3) *<u>Schon in den 80er-Jahren</u>, hatte es eine wegweisende Ausstellung im Centre Pompidou gegeben. (ndr.de, 14.02.2020)

Schreibern unterläuft das regelwidrige „Vorfeldkomma" in diesen Beispielen möglicherweise deshalb, da sie das Bedürfnis haben, lange Sätze in kürzere Abschnitte binnenzugliedern (vgl. Sappok 2011). Und in der Tat bietet sich das Ende des Vorfeldes als Gliederungsposition irgendwie an, vielleicht weil unbewusst eine Analogie zu Nebensatzstrukturen gebildet wird (vgl. *„Während er in seiner nagelneuen Küche mit den schicken Einbauschränken steht, schneidet Franz das Gemüse.")*. Einen anderen möglichen Grund liefert Primus (1993: 250): Sie geht davon aus, dass die lange Vorfeldbesetzung aufgrund ihrer prominenten Intonation mit einer Herausstellung verwechselt werden könnte. Um hier korrekterweise kein Komma zu setzen, müssen Schreiber die oben gezeigten drei Fälle ausschließen bzw. deren Nichtzutreffen erkennen:

- Es liegt keine Aufzählung vor (Listenbildung nicht möglich; s. 1.1);
- der Teil vor dem Komma kann keine Herausstellung sein, sonst müsste der Teil hinter dem Komma – so, wie er hier steht – einen vollständigen Satz bilden (*„*Schneidet Franz das Gemüse."*);
- es gibt keine Satzgrenze, da vor dem Komma kein finites bzw. infinites Verb existiert.

Der Satz wird also nicht unterbrochen, weshalb hier auch kein Komma steht. Die Satzstruktur lässt sich wieder mithilfe des Feldermodells verdeutlichen:

VF	LiSK	MF	ReSK	NF
In seiner nagelneuen Küche mit den schicken Einbauschränken	schneidet	Franz das Gemüse.		

↑ kein Komma ohne Unterbrechung der Satzstruktur

[11] Der Asterisk (Sternchen) wird in der Linguistik und Sprachdidaktik zur Kennzeichnung ungrammatischer Konstruktionen verwendet.

Aber: Bei Herausstellungen, die selbstverständlich auch innerhalb des Vorfelds möglich sind, kann ein Komma zwischen den Elementen des Vorfelds und dem finiten Verb in der linken Satzklammer zu stehen kommen, vgl.

(4) Jeden Morgen um sieben Uhr, vor der Arbeit in der Fabrik, schneidet Franz das Gemüse.

VF	LiSK	MF	ReSK	NF
Jeden Morgen um sieben Uhr, vor der Arbeit in der Fabrik,	schneidet	Franz das Gemüse.		

paariges Komma wegen Einschub innerhalb des Vorfeldes

1.4 | Zusammenfassung

Wie gesagt: Mit den hier vorgestellten drei Strukturprinzipien lässt sich die gesamte Kommasetzung des Deutschen in den Griff bekommen. Die acht thematischen Bereiche, in denen die DUDEN-RS (^{27}2017) die Kommaregeln bündelt, lassen sich auf diese Weise weiter reduzieren (vgl. Noack 2018):

DUDEN-Kategorie (^{27}2017) (Komma bei...)	Grundregel
Aufzählungen	A
nachgestellten Zusätzen	H
Datums-, Wohnungs- und Literaturangaben	H
Konjunktionen	A (S)
Partizip- und Infinitivgruppen	S
Teilsätzen	S
mehrteiligen Nebensatzeinleitungen	S
Hervorhebungen	H

Tabelle 1: Entsprechungen zwischen den thematischen Bereichen der DUDEN-RS und den drei Grundregeln (A= Aufzählungen; S = Satzgrenze; H = Herausstellungen)

Dass sich sämtliche der zahlreichen Kommaregeln z. B. der DUDEN-RS auf eine der genannten drei Gruppen „Komma zwischen Sätzen“, „Komma bei Aufzählungen“ sowie „Komma bei Herausstellungen“ zurückführen lassen, kann an einem beliebigen Beispiel demonstriert werden:

> „D 106: 1. Das Komma trennt Adjektive und Partizipien ab, die einem Substantiv oder einem Pronomen nachgestellt sind. Wenn der Satz danach weitergeht, steht auch am Ende der entsprechenden Wortgruppe ein Komma (= paariges Komma).“ (DUDEN-RS ^{27}2017: 78)

Als Beispiele werden aufgeführt: *Sie erzählte allerlei Geschichten, erlebte und erfundene*; *Dein Wintermantel, der blaue, muss in die Reinigung.* (ebd.)

Hierbei handelt es sich um das Komma bei Herausstellungen, d.h. ein Satz wird durch ein nicht zum Kernsatz gehöriges Element unterbrochen.

Mittlerweile hat sich die DUDEN-Redaktion dieser Systematik angenähert. Zusätzlich zu der oben genannten Bündelung der Regeln zu acht Blöcken, mit denen die DUDEN-RS bis zur 26. Auflage (2013) ausschließlich gearbeitet hat, liest man seit der 27. Auflage den folgenden Grundsatz:

> Das Komma ist ein Gliederungszeichen. Es wird im Deutschen in erster Linie nach grammatischen Gesichtspunkten gesetzt. Man kann drei Regelgruppen unterscheiden [...]
> 1. Das Komma steht zwischen Teilen von Reihungen (Aufzählungen) [...]
> 2. Das Komma grenzt nachgestellte Zusätze vom Rest des Satzes ab [...]
> 3. Das Komma grenzt Nebensätze vom übergeordneten Hauptsatz ab [...].
>
> (DUDEN-RS [27]2017: 74)

Exkurs: Das Komma in anderen Sprachen

In der vorliegenden Arbeit geht es zwar ausschließlich um die deutsche Kommasetzung, allerdings werden viele scheinbare Selbstverständlichkeiten erst richtig deutlich, wenn man einen Schritt zurücktritt und aus der Distanz auf das Vertraute blickt. Ein kurzer Vergleich mit anderen Sprachen bietet sich hier also an.

Auf Grundlage der hier vorgestellten Systematik der drei Prinzipien hat Lindbüchl (2014) einen Sprachvergleich zwischen dem Deutschen, Englischen und Französischen vorgenommen und sie kommt zu dem Ergebnis, dass

„nur die deutsche Kommasetzung eine allumfassende Sprachverarbeitungsfunktion im Sinne einer konsequenten Markierung von Unterbrechungen der syntaktischen Verknüpfung für den Leser erfüllt." (ebd.: 83).

Lindbüchl argumentiert, dass die typische deutsche Satzstruktur, die in zahlreichen Fällen ohne Interpunktion mehrdeutig wäre, zur Desambiguierung das Komma erfordert, vgl. den zunächst kommalosen Satz

(1) (a) Niclas versprach seiner Mutter sofort zu gehorchen.

Folgende Lesarten sind möglich, wobei die Satzstellung jedesmal die gleiche ist:

(1) (b) Niclas versprach, seiner Mutter sofort zu gehorchen.
(1) (c) Niclas versprach seiner Mutter, sofort zu gehorchen.
(1) (d) Niclas versprach seiner Mutter sofort, zu gehorchen.

Im Französischen und Englischen wird dies jeweils durch unterschiedliche Satzstellungen ausgedrückt:

(1) (e) Niclas a immédiatement promis à sa mère d'obéir.
(1) (f) Niclas a promis d'obéir à sa mère immédiatement.
(1) (g) Niclas a promis à sa mère d'obéir immédiatement.
(1) (h) Niclas promised the mother immediately to obey.
(1) (i) Niclas promised to obey the mother immediately.
(1) (j) Niclas promised the mother to obey immediately.
(Alle Beispiele aus Lindbüchl 2014: 76.)

Insgesamt unterscheidet sich die Kommasetzung zwischen den drei Sprachen Lindbüchl (ebd.) zufolge in den folgenden Bereichen (vgl. zum Komma im Englischen auch den Sprachvergleich von Primus 2019):

- Bei Infinitivgruppen (vgl. die Beispiele oben)
- Bei **Relativsätzen**: Sowohl das Englische als auch das Französische (ebenso wie das Spanische, vgl. Mesch 2009) unterscheiden bei der Kommasetzung im Gegensatz zum Deutschen sogenannte **restriktive von nicht restriktiven Relativsätzen.** Erstere sind Informationen, die für die Referenzbildung notwendig sind, sie werden nicht durch Komma abgetrennt (k); nicht-restriktive Relativsätze sind dagegen lediglich zusätzliche, aber nicht diskriminierende Informationen, hier ist das Komma obligatorisch (l):

(1) (k) The students who participated in the course passed the exams.
= Diejenigen Studenten, die teilnahmen, haben bestanden [die anderen nicht].
(1) (l) The students, who particpated in the course, passed the exams.
= Die Studenten, die übrigens am Kurs teilnahmen, haben bestanden.

Die AR führt diese Unterscheidung zwischen restriktiven und nicht restriktiven Relativsätzen im Rahmen der Kommasetzung nicht auf; Bredel (2008) macht jedoch aus systematischer Sicht darauf aufmerksam, dass im Deutschen nicht restriktive Relativsätze in Klammern stehen können, restriktive jedoch nicht, vgl.

(2) (a) Die Polizei fasste den Dieb (der kein Alibi hatte).
(b) *Die Polizei fasste den Mann (der den Einbruch begangen hatte).

- Bei der Herausstellung adverbialer Bestimmungen (künftig kurz: AB): Anders als im Deutschen werden im Französischen und Englischen nicht-satzwertige Bestimmungen abgetrennt, wenn die AB satzinitial (frz.) bzw. satzinitial oder -medial (engl.) auftreten und der Gesamtsatz eine bestimmte Länge aufweist (dies wird bei Lindbüchl nicht weiter spezifiziert). Für das Spanische erwähnt Mesch (2009) unter Bezugnahme auf Meisenburg (2008) eine Skalierung unterschiedlicher Integrationsstärken und gibt gleichzeitig zu bedenken, dass dies auch als Anlass gedeutet werden könne, „das System der spanischen Kommasetzung zu überdenken" (Mesch 2009: 278).

1.5 | Übungsaufgaben zur Vertiefung des Gelesenen

1.5a Versuchen Sie bitte, die einzelnen Satzelemente mithilfe der Umstellprobe zu ermitteln. Sollten Sie Schwierigkeiten haben, finden Sie unten eine Hilfestellung.

Aufgrund eines unvorhersehbaren Problems mit der gestern im Angebotssortiment des neueröffneten Baumarkts erworbenen Küchenmaschine dauerte das mit dem alten Schälmesser nur mühsam vonstatten gehende Schneiden des ganzen Gemüses viel zu lange.

[Hilfestellung: Folgende Elemente kommen in dem Satz vor:

- finites Verb (Prädikat),
- Subjekt,

- adverbiale Bestimmung des Grundes,
- adverbiale Bestimmung der Zeit.]

1.5b Entscheiden Sie bitte, ob – und wenn ja, wo – in den folgenden Sätzen Kommas stehen müssen.

(a) Im Badezimmer schneiden Franz (,) seine Schwester (,) und Lisa (,) Petra die Haare.
(b) Im Badezimmer schneidet Franz (,) seiner Schwester (,) und Lisa die Haare.
(c) Ich nehme das grüne (,) alte Ruderboot (,) nicht das gelbe (,) alte.
(d) Ich nehme das grüne (,) alte Ruderboot. Schwimmen ist mir zu weit.

1.5c Unterstreichen Sie in den folgenden Sätzen jeweils die Herausstellung und setzen Sie die Kommas. Um was für eine Herausstellung (*Links-*, *Rechtsherausstellung*, *Einschub*) handelt es sich jeweils?

(a)	Der Vater sprach: „Nun sammelt Holz ihr Kinder."	L	R	E
(b)	Hänsel und Gretel trugen Reisig zusammen einen kleinen Berg hoch.	L	R	E
(c)	„Ihr beiden Kinder ihr könnt euch ans Feuer legen und ausruhen."	L	R	E
(d)	„Steht auf ihr Faulenzer und kommt mit in den Wald Holz holen."	L	R	E
(e)	„Hänsel wir müssen weiter."	L	R	E
(f)	„Narr das ist dein Kätzchen nicht. Das ist die Morgensonne."	L	R	E
(g)	Schließlich kamen sie an ein Haus und zwar ein ganz besonderes.	L	R	E
(h)	„Gretel du kannst vom Fenster essen." .	L	R	E

1.5d Ergänzen Sie die fehlenden Kommas und bestimmen Sie jeweils das Prinzip (*Aufzählung, Herausstellung, Komma zwischen Sätzen*):

(a) Claudia ___ lernt Klavier ___ übt Querflöte ___ und spielt virtuos Schlagzeug.
(b) Nach dem großen Stellenabbau ___ vor sechs Monaten ___ aufgrund der angespannten Wirtschaftslage ___ sieht der Personalchef ___ von weiteren Entlassungen ab.
(c) Nachdem ___ sie fünf Versuchsreihen durchgeführt ___ hatte ___ glaubte sie ___ die Lösung zu kennen.
(d) Wenn ich nach Hause komme ___ die Schuhe ausziehe ___ den Fernseher einschalte ___ ist Wochenende.
(e) Jan ___ der hofft ___ einen hohen Preis zu erzielen.

1.5e Versuchen Sie, die hier wiedergegebenen Duden-Regeln ([27]2017) auf die drei Bereiche *Komma zwischen Sätzen, Komma bei Herausstellungen, Komma bei Aufzählungen* zurückzuführen.

(a) D 101: „Zwischen zwei Adjektiven [...] steht nur dann ein Komma, wenn sie einander nebengeordnet sind.“ Beispiele: *„ein süßes, klebriges Getränk“* – *„höher liegende unbewaldete Hänge“*

(b) D 103: „Das Komma trennt nachgestellte Zusätze ab. Wenn der Satz danach weitergeht, steht auch am Ende des Zusatzes ein Komma (= paariges Komma).“ Beispiel: *„Das ist Michael, mein Bruder.“*

(c) D 106: „Das Komma trennt Adjektive und Partizipien ab, die einem Substantiv oder einem Pronomen nachgestellt sind.“ Beispiel: *„Dein Wintermantel, der blaue, muss in die Reinigung.“*

(d) D 114: „Partizipgruppen kann man durch Kommas abtrennen, um die Gliederung des Satzes deutlich zu machen [...].“ Beispiel: *„Das ist, grob gerechnet, die Hälfte.“*

(e) D 117: „(Satzwertige) Infinitivgruppen werden [...] durch Komma abgetrennt, [bei einleitenden Wörtern, bei Abhängigkeit vom Substantiv, bei Korrelat]“. Beispiel: *„Sie ging nach Hause, um sich umzuziehen.“*

(f) D 122: „Zwischen gleichrangigen (nebengeordneten) Nebensätzen steht ein Komma.“ Beispiel: *„Wenn das wahr ist, wenn du ihn wirklich nicht gesehen hast, dann brauchst du dir keine Vorwürfe zu machen.“*

(g) D 125: „Bei formelhaft gebrauchten [verkürzten] Nebensätzen kann das Komma weggelassen werden. “ Beispiel: *„Wir wollen die Angelegenheit (,) wenn möglich (,) heute noch erledigen.“*

(h) D 129 „Wörter oder Wortgruppen, die zur Hervorhebung vorangestellt sind, werden von den nachfolgenden Teilen des Satzes mit Komma abgetrennt.“ Beispiel: *„Deine Mutter, die habe ich gut gekannt.“*

(i) D 132: „Das Komma trennt die Anrede vom übrigen Satz.“ Beispiel: *„Harry, fahr bitte den Wagen vor.“*

2 | Welche didaktischen Ansätze begegnen uns in Schulbüchern? – Ein kritischer Überblick

Seit Einführung der ersten gesamtdeutschen Einheitsorthographie und damit auch der Kommasetzung zu Beginn des 20. Jahrhunderts und ihrer Kodifizierung in den ersten Auflagen des „DUDEN" gelangten über die – im Verlauf der Jahrzehnte ständig erweiterten oder veränderten – normativen Regeln unterschiedliche theoretische Annahmen in die Schulen, wo sie bis heute in verschiedenen, teilweise widersprüchlichen didaktischen Ansätzen nachwirken (beispielsweise: Kommas markieren Pausen und/oder Sinneinheiten, Kommastellen werden durch Konjunktionen angezeigt, Kommas trennen Haupt- und Nebensätze) (vgl. die Überblicksdarstellungen in Menzel & Sitta 1982; Sauer 1988; Augst 2001).

Unter dem Begriff **Ansatz** verstehen wir eine umfassende, gegenstandsbezogene Modellierung eines Unterrichtsgegenstandes (hier: des Kommas), in dem – nicht selten unreflektiert – spezifische Theorien, Vermittlungs- und Lernstrategien veranschlagt werden (z. B. in einer künstlichen „Kommasprache" zu sprechen, um Kommas „hören zu lernen"[12], oder sogenannte Signalwörter zu markieren). Diese von der jeweils zugrundeliegenden (bewusst oder unbewusst verfolgten) theoretischen Annahme abhängigen Vermittlungsstrategien können wiederum dazu führen, dass Lernende über eigenaktive Hypothesenbildung (s. Kap. 3.3) nur diejenigen kognitiven Konzepte aufbauen, die die vermittelten Strategien zulassen – andere jedoch nicht. Aus diesem Grund werden wir im folgenden Kapitel die Leistung der jeweiligen Strategien (im Sinne bewusst einsetzbarer Verfahren zum Lösen von Lese- und Schreibproblemen) in kleinen Experimenten auf den Prüfstand stellen und auf diese Weise einem „Stresstest" unterziehen – dabei spannen wir einen Bogen vom noch immer anzutreffenden intonatorischen Ansatz („Kommas markieren Sprechpausen") über den sogenannte Signalwörter fokussierenden lexikalischen Ansatz („Vor *weil* steht ein Komma") bis hin zum aktuellen valenzorientierten Ansatz (Verben sind *Könige*; das Komma begrenzt ihre *Königreiche*/Valenzrahmen).

2.1 | Sprechpausen als Kommaauslöser (intonatorischer/prosodischer Ansatz)

Die Annahme, Kommas würden **Sprechpausen** markieren, hat historisch weit zurückliegende Wurzeln und begegnet uns bis heute (in unterschiedlichen Ausprägungen und Spielarten) in Schulbüchern der Primarstufe oder der Sekundarstufe I (s. u.). Dabei werden Kinder einerseits

[12] Vgl. Eichler & Küttel (1993); Sappok (2005).

beim Lesen aufgefordert, beim Komma eine kleine Pause zu machen und die Stimme zu modulieren, und andererseits beim Schreiben an den Stellen Kommas zu setzen, wo sie beim Mitsprechen eine Pause machen bzw. machen könnten.

2.1.1 | Konkrete Aufgabenbeispiele

Im Folgenden werden exemplarisch vier unterschiedliche Schulbuchaufgaben aus fünf Jahrzehnten skizziert (Beispiele 1-4), die alle dem intonatorischen/prosodischen[13] Ansatz zuzuordnen sind. Die Reichweite dieses Ansatzes wird anschließend analysiert (s. 2.1.2); detailliertere Hintergrundinformationen finden sich in der „Vertiefungsbox" unten in diesem Abschnitt.

Im Schulbuch „Wortwechsel 4" aus dem Jahr 1977 (Klett-Verlag) wird ein Lesetext (s. u.) mit dem programmatischen Satz „Hinhören hilft, Komma oder Punkt richtig zu setzen" eingeleitet und mit der Arbeitsanweisung „Lest den Text mit Sprechpausen! Macht bei einem Komma eine kurze und bei einem Punkt eine längere Sprechpause!" versehen.

(1) (a) „Mein Gaul frißt Steine
Ich habe einen alten Gaul, der hat Zähne, die sind so hart und rauh wie ein Reibeisen. Wenn der Gaul kein Futter mehr hat, scharrt er in den Steinen und beginnt, die Steine zu fressen. Er mahlt so lange mit seinen Zähnen die Steine im Maul, bis sie ganz feiner Sand sind. Dann schluckt er den Sand mit viel Speichel vermengt hinunter. Die Pferdeäpfel, die er im Stall auf den Boden kullern läßt, sind aber ganz normal. Sie sind sehr groß, aber es sind keine Steine. Ich möchte nur wissen, wie mein Gaul die Steine verdaut. (Kurt Werner Peukert)" (aus: Wortwechsel 4 (Heringer & Wimmer 1977: 96; Zeilenumbrüche von G.E./C.N geändert)).

Im Anschluss an diese Leseaufgabe erhalten die Kinder Hinweise für das Kommasetzen beim Schreiben: Kommas sollen Sprechpausen markieren – wann bzw. ob ein Komma zu setzen ist, sollen die Schüler an der Satzmelodie heraushören:

(1) (b) „Beim Schreiben setzt man als Zeichen für Sprechpausen meistens Kommas oder Punkte. [...] Auch an der Satzmelodie kann man hören, wann ein Punkt oder ein Komma steht: Wenn sie fällt, steht ein Punkt. Wenn sie ansteigt oder in gleicher Höhe bleibt, kommt ein Komma (ebd.)."

Rund drei Jahrzehnte später benennt das Schulbuch „Deutschbuch 6" (Cornelsen 2005) das Komma ebenfalls als Satzmelodie-Anzeiger, jedoch ausschließlich aus Lesersicht. Die Kinder erhalten u. a. folgenden, mit einem Beispiel illustrierten Hinweis zur Arbeitstechnik des „Ausdrucksvollen Vorlesens":

[13] Aus altgriechisch „prosodia" = wörtlich: „Dazugesungenes".

(2) „In langen Sätzen, sogenannten Satzgefügen, die durch Kommas untergliedert sind, ist auch auf eine Untergliederung der Sprechbögen zu achten: Vor jedem Komma hebt sich die Stimme leicht und macht eine kurze Pause:

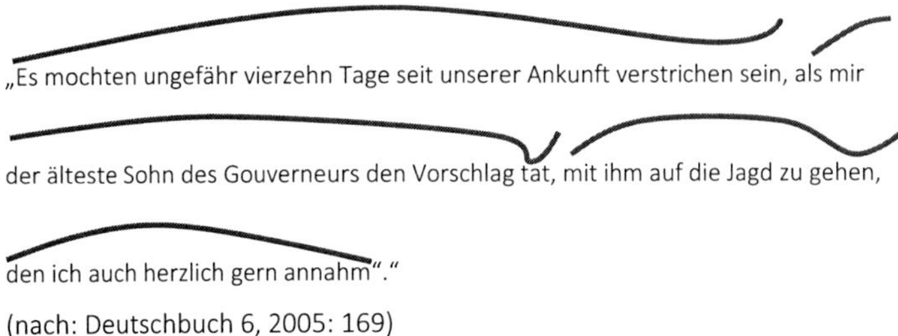

(nach: Deutschbuch 6, 2005: 169)

Mehr als ein weiteres Jahrzehnt danach findet man im Sprach- und Lesebuch „Deutsch.kombi plus 2“ (Klett 2018) für das sechste Schuljahr unter der Rubrik „Rechtschreibung, Grammatik, Sprachbetrachtung“ folgende kombinierte Lese- und Schreib-Aufgabe zum Thema „Fit sein – Zeichen setzen“: Die Schüler erhalten einen uninterpungierten Text und sollen „bei jedem fehlenden Satzzeichen“ klopfen, um die Kommas beim lauten Vorlesen hörbar zu machen[14].

(3) (a) „Versucht, die folgenden Ratschläge zum Training zu lesen. Warum ist das so schwer?

Das gilt bei jedem Training
Vor jedem Training solltest du dich aufwärmen und dehnen Walken lockeres Laufen Hüpfen Seilspringen und Dehnübungen kann jeder von euch jetzt kannst du mit dem Training beginnen du solltest dich jedoch nicht überanstrengen regelmäßiges Training ist wichtiger alle Leistungssportler wie Fußballer Schwimmer Tennisspieler und Skiläufer trainieren normalerweise täglich Duschen Umziehen Ausruhen und Trinken nach dem Training ist empfehlenswert lösche deinen Durst mit Wasser Tee Fruchtsäften oder isotonischen Getränken.

(b) Lest den Text noch einmal laut vor und klopft bei jedem fehlenden Satzzeichen. Wie viele Sätze findet ihr? Habt ihr auch Sätze gefunden, bei denen nicht nur am Satzende geklopft werden muss?“
(aus: Deutsch.kombi plus 2. Sprach- und Lesebuch für die 6. Klasse (Utheß Hg. 2018: 198); Zeilenumbrüche und Aufgabennummerierung von G.E./C.N. geändert.)

Äußerst selten findet man in Schulbüchern Hinweise wie den folgenden aus dem Jahr 1999 im „Tandem“-Deutschbuch (Schöningh-Verlag):

[14] Die meist künstliche Artikulation schriftlicher Merkmale ist in der Schriftdidaktik ebenso verbreitet wie problematisch, vgl. etwa das Aussprechen von „stummen“ Graphemen wie dem silbentrennenden h (*gehen*) oder der doppelten Artikulation geschärfter Konsonanten (*essen*) beim sogenannten „Silbenschwingen“.

(4) „Eine besondere (Vor-)Lesewirkung kann auch dadurch entstehen, dass an manchen Stellen entgegen den Satzzeichen gelesen wird. Probiert verschiedene Leseweisen aus."
(Tandem. Ein Deutschbuch für die Jahrgangsstufe 9 (Ossner et al. 1999: 189))

Insofern ist die Behauptung Müllers (2007: 242), es sei „nicht wahrscheinlich [...], dass die [schülerseitige] Orientierung an der Intonation auf Instruktion zurückzuführen ist", zu hinterfragen. Zwar ist nicht auszuschließen, dass Schüler unabhängig von dem im Unterricht vermittelten Kommaansatz eigene Strategien entwickeln; allerdings können wir aufgrund der obigen Beispiele konstatieren, dass die Intonation in zahlreichen Schulbüchern im Rahmen von Leseübungen mit der Kommasetzung in Zusammenhang gebracht wird.

2.1.2 | Experiment: Wie weit kommt man mit der „Pausen-Strategie"?

Im ersten Moment scheint die Pausen-Strategie für die Satzzeichen nützlich und einfach zu sein – deshalb werden bereits Lesenovizen in der Primarstufe dazu angehalten, beim Punkt die Stimme zu senken und eventuell eine kleine Pause zu machen. Anders gewendet gilt „Vorlesen ohne Punkt und Komma" allgemein als Ausweis mangelnder Lesekompetenz. Wo liegt also das Problem des intonatorischen Ansatzes?

Eine erste Ahnung, warum die „Pausen-Strategie" dennoch problematisch ist, bekommen wir, wenn wir das Schulbuchbeispiel (3) analysieren: Die Kinder erhalten darin einen uninterpungierten Text – sie sollen ihn vorlesen und bei jedem fehlenden Satzzeichen klopfen. Die Schüler sollen also „hören", wo ein Satzzeichen zu setzen ist. Doch da das „Klopfen" den Sprechfluss unterbricht, können sich die Schüler nur an möglichen Sprechpausen orientieren. Dadurch entsteht eine unnatürliche Kunstsprache (probieren Sie es einmal aus!) – ohne dass die Lernenden Kriterien zur Identifikation von Kommastellen an die Hand bekämen. Die Aufgabe ist also gleich in zweifacher Hinsicht kontraproduktiv, denn – wie Baudusch bereits vor 40 Jahren schrieb:

> „Das Komma bezeichnet keine Pausen beim Reden oder Vorlesen; einem Redner oder Vorleser, der das Komma als Pausenzeichen ansähe, würden die Zuhörer davonlaufen." (Baudusch 1977: 1)

Bauduschs Aussage können Sie mit einem kleinen Experiment überprüfen:

Geben Sie die folgenden Sätze (1 a-d) in einer informellen Situation (z. B. beim Mittagessen) zwei beliebigen, kompetenten Lesern (und zwar **ohne** weitere Hinweise) und lassen Sie sie sich spontan vorlesen.

(1) (a) Ich hoffe, dass du bald nach Hause kommst.
(b) Ich weiß nicht, ob ich ihn anrufen soll oder nicht.
(c) Der Autofahrer, der mich gestern fast überfahren hat, wurde heute gefunden.
(d) Wegen meines unendlich vollen Terminkalenders und der vielen zu erledigenden Aufgaben komme ich leider überhaupt nicht mehr zum Klavierüben.

Sie könnten die Sätze auch selbst lesen – erfahrungsgemäß entspricht jedoch die eigene Intonation, sobald man auf das Komma oder andere orthographische Merkmale fixiert ist, nicht mehr einer natürlichen Sprechweise. Alternativ können Sie auch das Schulbuchbeispiel (1) aus Abschnitt 2.1.1. nehmen.

Vermutlich werden Sie unterschiedliche Vorlese-Ergebnisse erhalten – mit Pausen, ohne Pausen oder mit unterschiedlichen Pausen (Müller 2007: ff.). Das hat (mindestens) zwei Gründe, womit auch die eingangs gestellte Frage nach dem „Problem der Pausen-Strategie" beantworte wäre:

Erstens: Die Annahme, dass das Komma Pausengrenzen anzeigt, basiert auf einer unzulässigen Übergeneralisierung: Fakt ist, dass Kommas oft an Phrasengrenzen[15] stehen, an denen man grundsätzlich eine Pause machen kann, ohne dass der Satz unverständlich wird. Fakt ist auch, dass Leser in gewissen Kontexten die Satzbedeutung durch ein Pausenkomma hervorheben können. Die Forschung hat jedoch gezeigt, dass wir – einerseits – an vielen, normgemäß zu kommatierenden Phrasengrenzen üblicherweise keine Pausen machen – insbesondere in kürzeren Relativ- (*Der Autofahrer, der mich gestern fast überfahren hat, wurde gefunden*) und Inhaltssätzen (*Ich hoffe, dass du bald nach Hause kommst*) (vgl. Metz 2016: 265 f.).

Andererseits tendieren wir, wie oben auf S. 16 erläutert, insbesondere bei langen Sätzen mit umfangreichen Vorfeldern dazu, eine Zäsur vorzunehmen – dürfen aber normgemäß kein Komma setzen (z. B. *Wegen meines unendlich vollen Terminkalenders und den vielen zu erledigenden Aufgaben komme ich leider überhaupt nicht mehr zum Klavierüben.*) Bezeichnenderweise lassen sich in Schüler- und Studententexten die meisten „überflüssig" gesetzten Kommas als normwidrige Vorfeldkommas identifizieren (vgl. Hochstadt & Olsen 2016; Rössler 2018; Berg, Bredel, Fuhrhop & Schreiber 2019).

Darüber hinaus können wir beim Lesen quasi an jeder beliebigen Stelle eine Pause machen – wenn es der entsprechenden Sprech- bzw. Leseabsicht im gegebenen Kontext dient. Dies lässt sich z. B. anhand von Tonaufnahmen professioneller Sprecher nachvollziehen. So sind etwa von Thomas Mann Tondokumente mit Lesungen überliefert, in denen er über die meisten Kommas und Punkte hinwegliest – und kunstvoll Pausen an Stellen setzt, wo gar keine Interpunktionszeichen stehen (vgl. Voegeli 1982; s. Schulbuchbeispiel 4). Der gleiche Effekt lässt sich aktuell etwa bei Nachrichtensprechern, Vorlesern von Hörbüchern oder in Film und Theater beobachten. Dies deckt sich mit folgender Aussage von Nerius:

> „Das Komma ist heute nicht mehr in der Lage, eindeutige Sprechhinweise zu geben. Die Kunst, einen deutschen Text gut vorzulesen, besteht unter anderem auch darin, „störende" Kommas zu ignorieren und bisweilen auch dort Pausen einzuschalten, wo kein Komma steht." (Nerius 2007: 146)

Dies liegt daran, dass die Kommaregeln rein syntaktisch basiert sind und

> „keine eindeutigen, unmittelbaren Beziehungen zwischen Kommasetzung und intonatorischer Gliederung des Satzes bestehen." (Lotze, Geipel & Gallmann 2016: 55; vgl. auch Metz 2005: 27 ff.; Müller 2007: 270 ff.)

Umgekehrt würde eine streng an der Kommatierung ausgerichtete Intonation schnell hölzern und unakzentuiert wirken.

[15] Unter Phrase versteht man in der Linguistik eine Wortgruppe, die eine syntaktische Einheit bildet und einen sogenannten „Kern" besitzt, der die grammatischen Merkmale (z. B. Genus, Kasus) der Phrase bestimmt.

Zweitens: Auch Intonationskurven, wie sie in den Schulbuchbeispielen (1) und (2) aus Abschnitt 2.1.1 vermittelt werden, bieten keine sichere Grundlage für die Kommasetzung: Wie in der DUDEN-Grammatik beschrieben wird, kann selbst eine einfache Phrase wie [Hundert Gramm mittelalten Gouda bitte] mit unterschiedlichen Intonationskurven gesprochen werden – es würde aber kaum jemand nach „mittelalten" ein Komma setzen, selbst wenn wir „mittelalten" betonen wollten und deshalb eine Zäsur inklusive Hochton-Tiefton-Wechsel machten (vgl. Peters 2016: 109). Noch komplexer wird es, wenn man zusätzlich zur Intonationskurve die Akzentstruktur in Anschlag bringt: So kann der einfache „Aussagesatz" *Maria ist eine Heidelbergerin* auf sechs, in ihrer Akzentstruktur sehr unterschiedliche Weisen gesprochen werden – und alle klingen natürlich (ebd.: 118); die entsprechenden Tonbeispiele sind abrufbar unter http://www.duden.de/grammatik).

Die Erklärung der genannten Phänomene ist ebenso einfach wie theoretisch: Das Komma (wie auch der Punkt) ist kein genuin intonatorisches Zeichen, sondern ein grammatisches. Die unterschiedlichen intonatorischen Satzverläufe (Pausen, Tonhöhenverläufe, Akzente, Geschwindigkeit) sind artikulatorische Effekte zugrundeliegender grammatischer Sprachverarbeitungsprozesse (s. ausführlich 3.1) – und können je individuell und kontextabhängig gestaltet werden. Deshalb wirkt das Lesen bei einer strikten Befolgung der Regel „beim Komma mit der Stimme nach oben gehen und eine Pause machen" (s. 2.1.1 Schulbuchbeispiel (2)) alles andere als „flüssig" – und beim Schreiben führt die Pausen-Strategie nicht selten zu Widersprüchen und mithin nur zufällig zu richtigen Ergebnissen. Eine Einsicht, warum wir wann Kommas zu setzen haben, können Lernende auf diese Weise nicht gewinnen. Die Aufgabe folgt also einem Zirkelschluss, indem das Ergebnis eines Lernprozesses (Wissen darüber, wann Satzzeichen/Kommas gesetzt werden müssen bzw. wo sie fehlen) gleichzeitig seinen Ausgangspunkt darstellt (Klopfen, wo Satzzeichen fehlen). Diejenigen, die noch nicht wissen, wo Satzzeichen zu setzen sind, bekommen auf diese Weise keine Kriterien an die Hand, wie sie das herausfinden könnten.

Hintergrundinformationen

Der hier vorgestellte intonatorische oder prosodische Ansatz, demzufolge Merkmale der gesprochenen Sprache in der geschriebenen Sprache abgebildet werden und deshalb direkt aus der gesprochenen Sprache abgeleitet werden können, ist (nicht nur) in Bezug auf die Kommasetzung problematisch: Denn zur Intonation bzw. zu den prosodischen Mitteln der Sprache gehören neben den Pausen auch Variationen des Tonhöhenverlaufs, der Lautstärke, der Geschwindigkeit sowie der Akzentverteilung (Wort- und Satzakzent). All diese Aspekte der gesprochenen Sprache müssten in ihrem komplexen Zusammenspiel bei einem intonatorischen Ansatz der Kommasetzung als kommaauslösende Faktoren berücksichtigt werden – was aber nicht möglich ist, da „kein Satz eine bestimmte Intonation auch nur annähernd zwingend vorschreibt" (Müller 2007: 40).[16] Selbst wenn man eine von individuellen Ausprägungen, Sprecherabsichten und Kontexten losgelöste *Normalintonation* (Wode 1968) mit universell heraushörbaren *Segmentierungspausen* (Zifonun, Hoffmann, Strecker & Ballweg 1997: 240 ff.) annimmt, geht die Annahme eines intonationsmarkierenden Kommas nicht auf: Denn im Deutschen stehen Kommas häufig an Stellen, an denen wir im „Normalfall" keine Sprechpausen machen (z. B. *Das dicke, rote Buch gehört mir*). Umgekehrt gilt: Wir machen Pausen in Sätzen,

16 Vgl. zum „Mythos des pausenmarkierenden Kommas" auch Esslinger (2015e: 124 ff.).

die normgemäß nicht kommatiert werden (z. B: *Nach der gelungenen Abitursfeier am 23. Juni 2019 _ im Atrium des Johannes-Keppler-Gymnasiums in Hinterdupfingen __ übernachteten alle Schülerinnen und Schüler auf dem Schulhof.*).

Angesichts der aufgezeigten Widersprüche stellt sich die Frage, warum der intonatorische Ansatz in die Schulen gelangt ist. Die Gründe sind in der Geschichte des Kommas und seiner Normierung zu finden. Nach aktueller Forschungsmeinung bildeten sich spätestens im Mittelalter zwei Funktionsstränge der Interpunktion heraus – ein phonetischer und ein grammatischer. Als Vorform des heutigen Kommas gilt die lateinische Virgel, die formal dem heutigen Schrägstrich </> entspricht. Die Forschung geht davon aus, dass die Virgel dazu diente, einem (Vor)Leser (insbesondere biblischer Texte) Atempausen und Intonationszäsuren anzuzeigen (vgl. Polenz 2000: 249; Bredel 2006; Parkes 1992, zit. n. Rautenberg 2015: 302). Nach Niedergang des Römischen Reiches in der Spätantike wurde das Lateinische als Schriftsprache fortentwickelt und auch von Personen gelesen, für die es eine Fremdsprache war. Es liegt nahe, dass in dieser Situation Textmarkierungen wie Wortzwischenräume, Majuskeln und Interpunktion wichtig wurden. Nach Simmler 2003 (zit. n. Rautenberg 2015: 302) werden bereits vor dem 12. Jh. Interpunktionszeichen nicht allein als Intonationshilfe, sondern bereits als Teil eines ganzen Bündels von textstrukturierenden Merkmalen genutzt – neben der Verwendung von Majuskeln und Minuskeln, Spatien und der Seitengestaltung. Dies setzte sich in der frühen Neuzeit fort: So zeigt beispielsweise Kirchhoff anhand eines liturgischen Texts aus dem Jahr 1482, dass die Virgel „bei konjunktionslosen Nebenordnungen [Aufzählungen; G.E./C.N] die Funktion des heutigen Kommas [übernimmt]“ (Kirchhoff 2019: 27). Die ersten Interpunktionslehren entstanden ebenfalls im 15. Jahrhundert – ihre Argumentationslinie führt über den Leser zum Schreiber, der die Lesetätigkeit antizipieren soll: Texte sollen so geschrieben sein, dass sie verständlich gelesen werden können (vgl. Höchli 1981: 58 ff.). Dieser Kernaspekt des Kommas als ein Zeichen, das den Satz und die Bedeutung strukturiert, findet sich mit fortschreitender Systematisierung bei allen frühneuzeitlichen deutschsprachigen Grammatikern – von Gueintz und Schottel im 17. bis zu Gottsched, Aichinger und Adelung im 18. Jahrhundert. Erst im 19. Jahrhundert, als man sich darum bemühte, eine gesamtdeutsche Orthographie zu erarbeiten, fängt die tradierte Systematik an zu bröckeln: Mit am Werke waren nun nämlich nicht mehr nur die Grammatiker, denen es um die prinzipiengeleitete Systematisierung des Schreibgebrauchs ging; nach Begründung der Phonetik und der historischen Sprachwissenschaft gab es extreme Positionen, die die Schreibnorm an der exakten Aussprache oder aber an den geschichtlichen Verhältnissen ausrichten wollten (vgl. Maas 1997; Noack 2003). Als auf Ausgleich bedachter Reformer formuliert schließlich Konrad Duden in seinem „Versuch einer Interpunktionslehre“, dass Interpunktionszeichen **sowohl** die Intonation **als auch** die syntaktische Struktur von Sätzen abbilden, welche wiederum Ausdruck logischer Verhältnisse seien (Duden 1876: 164). Über den Buchdruckerduden von 1903 und 1907 gelangt Dudens Interpunktionskonzeption (Baudusch 2007: 237 nennt sie eine „Illusion“) ohne öffentlichen Diskurs in den für alle verbindlichen Volksduden von 1915 – jedoch in einem veränderten Erklärungsformat: Nun heißt es, die Interpunktion bezeichne **entweder** die Intonation (des Schreibers) **oder** die „Gliederung des Satzes“ (DUDEN-RS [9]1915: XXXVII).

Erst 1955, also rund 40 Jahre nach ihrer stillschweigenden Normierung in der ersten Auflage des Volksduden, wurden die von Konrad Duden übernommenen Interpunktionsregeln durch einen Beschluss der Kultusministerkonferenz offiziell legitimiert – von da an galt der DUDEN jahrzehntelang als rechtmäßige und „quasi-amtliche" Autorität in allen Rechtschreibfragen[17] – und mithin auch als Grundlage der Schulbücher. Noch in der 18. Auflage von 1980 heißt es

„Das Komma hat im Deutschen in erster Linie die Aufgabe, den Satz grammatisch zu gliedern. Daneben dient es dem ursprünglichen Zweck der Satzzeichen, die beim Sprechen entstehenden Pausen anzugeben." (DUDEN-RS [18]1980: 36)

Insgesamt wurde im Verlauf der Jahre die intonatorische Beschreibung zugunsten grammatischer Beschreibungen immer mehr zurückgedrängt. Die aktuell gültige DUDEN-Rechtschreibung in der 27. Auflage gewichtet angesichts neuerer Forschungsergebnisse die drei Grundprinzipien *Aufzählung, Satzgrenze* und *Herausstellung* (s. Kap. 1) deutlich stärker als bisher (vgl. DUDEN-RS [27]2017: 74),[18] hält gleichwohl aber an der alten Regelsystematik fest. Auch die Intonation wird (fragwürdigerweise) zumindest in einem erklärenden Zusatz (zu Regel D 127 „Bei einigen mehrteiligen Fügungen kann ein Komma zwischen die Teile der Fügung gesetzt werden") in Anschlag gebracht: „Das Komma entspricht hier einer deutlich wahrnehmbaren Pause im gesprochenen Text" (DUDEN-RS [27]2017: 88). Auch in der Sprachdidaktik hält sich der intonatorische Ansatz aufgrund des vermeintlich simplen Zugriffs auf die gesprochene Sprache äußerst hartnäckig. Aktuell erfährt er in Teilen eine Renaissance mit der Begründung, besonders kindgerecht und natürlich zu sein (vgl. Sappok 2011; Sappok & Naumann 2016; Stark 2019; s. auch die kritische Würdigung in (5.1)).

2.1.3 | Auf einen Blick: Vor- und Nachteile des intonatorischen/prosodischen Ansatzes

Vorteile	Nachteile
	geringes Problemlösungspotential (führt zu Widersprüchen)
	fehlende Einsichtnahme in sprachstrukturelle Zusammenhänge
	nicht weitreichend (weder beim Lesen noch beim Schreiben)
	generiert überflüssige Kommas insbesondere bei langen Vor- und Mittelfeldern

Tabelle 1: Didaktische Kriterien zur Bewertung der „Pausen-Strategie"

Aus unseren Ausführungen lässt sich folgern, dass die Pausenstrategie aufgrund mangelnder Fundierung in der Grammatik des Deutschen kein geeigneter Ansatz zur Vermittlung der Kommasetzung ist, oder, wie es der US-amerikanische Linguist Geoffrey Nunberg pointiert formuliert,

„it is generally acknowledged that, in any event, punctuation does not do a very good job of rendering spoken intonations" (Nunberg 1990: 11).

17 Erst 1996 wurde mit dem Rat für deutsche Rechtschreibung eine Instanz begründet, die in Fragen der Orthographie autorisiert ist.

18 Auch in älteren Auflagen tauchen die drei Begriffe auf, allerdings eher beiläufig.

2.2 | Sinnabschnitte als Kommaauslöser (semantischer Ansatz)

Der unter (2.1) beschriebene intonatorische bzw. prosodische Ansatz ist in Schulbüchern nicht selten an den sogenannten semantischen (bedeutungsbezogenen) Ansatz gebunden, wonach Sinneinheiten mit Sprechpausen einhergehen (sollen) und diese wiederum durch Kommas (oder Punkte) zu markieren sind. Wie sich dieser semantische Ansatz konkret in Schulbuchaufgaben niederschlägt – und welche Widersprüche und Probleme sich daraus ergeben –, sei im Folgenden skizziert:

2.2.1 | Konkrete Aufgabenbeispiele

Unter dem in Kapitel 2.1.1 aufgeführten Aufgabenbeispiel (Text: „Mein Gaul frißt Steine") steht zu lesen:

(1) (a) „Beim Sprechen macht man nach jeder Sinneinheit automatisch eine kleine Pause. Beim Schreiben setzt man als Zeichen für Sprechpausen meistens Kommas oder Punkte."
(aus: Wortwechsel 4 (Heringer & Wimmer 1977: 96))

Auch in der ebenfalls bereits unter 2.1.1 zitierten Aufgabe zum „Ausdrucksvollen Vorlesen" wird ein Zusammenhang zwischen Sprechpausen, Sinneinheiten und Interpunktionszeichen postuliert – wenn auch eher mittel- als unmittelbar: Im Rahmen der Aufgabe, eine Münchhausen-Geschichte „ausdrucksvoll" vorzulesen, bekommen dafür Schüler u. a. folgende „Arbeitstechniken" an die Hand:

(1) (b) „Vor jedem Komma hebt sich die Stimme leicht und macht eine kurze Pause. [...] Teilt euch den Text in Sinnabschnitte ein und markiert diese durch Pausen."
(Deutschbuch 6 (2005): 169; Hervorhebung im Original).

Die Aufgabenstellung impliziert, wie auch immer gefundene Sinnabschnitte durch Kommas oder Punkte zu markieren. Nach welchen Kriterien jedoch Sinnabschnitte identifiziert und segmentiert werden können, erfährt man nicht. Besonders problematisch ist die implizite Gleichsetzung von „Sinnabschnitt" und „kommarelevant". Hierauf werden wir im folgenden Abschnitt ausführlich eingehen.

In der folgenden Aufgabe wird der Begriff „Sinneinheit" an die Einheit „Gedanken" und den (nicht weiter erläuterten) grammatischen Begriff des Prädikats gebunden und das Komma im Kontrast zum Punkt als Marker von weniger eng zusammenhängenden Sinneinheiten beschrieben:

(2) „Einen **Punkt** setzt man, wenn eine Sinneinheit zu Ende ist und ein neuer Gedanke anfängt. Zu jeder Sinneinheit gehört ein Prädikat.
Es riecht modrig. Alles ist still.
Hängen zwei Sinneinheiten eng zusammen, kannst du sie auch durch ein Komma trennen:
Alles ist still, manchmal höre ich ein leises Rauschen."
(Wortstark 5. BASIS. Sprach-Lesebuch Deutsch: 222; ; Hervorhebung im Original; zitiert nach Metz 2016: 287).

Eine Aufgabe aus „Deutschbuch 5“ (Cornelsen) versucht, die „semantische Blackbox“ auszubuchstabieren, indem sie auf die Satzglieder fokussiert. Die Kinder erhalten einen Text über die (Till Eulenspiegel verwandte) Schelmenfigur Nasdreddin Hodscha, begleitet von folgenden Aufgabenstellungen:

(3) (a) „Schreibt den Text ab und setzt Pausenzeichen. **Satzschlusszeichen** und **Kommas** geben euch Hinweise, wo ihr beim Vorlesen Pausen machen solltet.

(b) Übt das Vorlesen des Textes mit euren Pausenzeichen.

(4) (a) Gliedert lange Sätze durch Zeichen für kürzere Pausen. Oft kann man sich dabei an die **Satzglieder** halten:
Eines Tages / lieh sich / Nasreddin / einen großen Kochtopf / von seinem Nachbarn / aus.

(b) Tragt euch die Geschichte gegenseitig vor. Vergleicht, wo ihr die Pausen gesetzt habt.“ (aus: Deutschbuch 5 (Brenner et al. 2006: 120; Hervorhebung im Original; Nummerierung geändert G.E./C.N.))

2.2.2 | Experiment: Wie weit kommt man mit der „Sinnabschnitt-Strategie“?

Aus den oben genannten Arbeitsanweisungen ergibt sich folgender Schluss: Weniger stark zusammenhängende Gedanken (Sinneinheiten) zögen längere Sprechpausen nach sich und seien durch einen Punkt zu setzen, stärker zusammenhängende Gedanken gingen indes mit kürzeren Sprechpausen einher (was gilt als kurz?) und seien mit Kommas zu trennen. Alle anderen, ganz kurzen Pausen hätten etwas mit Satzgliedern zu tun – das hieße im Umkehrschluss: Satzglieder lassen sich auffinden, indem man überprüft, wo man kurze Pausen machen kann. Intuitiv kommt man jedoch als kompetenter Leser spätestens bei der Annahme eines satzgliedgebundenen Pausenverständnis ins Grübeln – denn die im Nasreddin-Satz (s. o. Aufgabe 4 a) eingezeichneten, satzgliedorientierten „kürzeren Pausen“ widersprechen dem eigenen Sprach- bzw. Vorlesegefühl. Abgesehen davon wird in der Aufgabe angenommen, Fünftklässler seien in der Lage, problemlos Satzglieder zu identifizieren – was bekanntermaßen nicht der Fall ist (vgl. z. B. Granzow-Emden 2006; 2010). Im Folgenden wollen wir der sogenannten „Sinnabschnitt-Strategie“ und der durch sie verursachten Widersprüche in einem kurzen Selbstversuch auf den Grund gehen:

Wie viele Sinnabschnitte finden Sie in den folgenden Sätzen?

(a) Ich wünsche mir als Weihnachtsgeschenk von meinen Eltern ein neues Smartphone.

(a‘) Ich wünsche mir, dass mir meine Eltern zu Weihnachten ein neues Smartphone schenken.

(b) Ich hoffe auf die ausreichende Stärke und Stabilität unserer Demokratie.

(b‘) Ich hoffe, dass unsere Demokratie ausreichend stark und stabil ist.

(c) Nach der Wahl des CDU-Politikers mit Stimmen der AfD zum Ministerpräsidenten war im politischen Betrieb nichts mehr wie zuvor.

(c‘) Nachdem der CDU-Politiker mit Stimmen der AfD zum Ministerpräsidenten gewählt worden war, war im politischen Betrieb nichts mehr wie zuvor.

(c'') Nach der Wahl des CDU-Politikers, die er mit Stimmen der AfD gewonnen hat, war im politischen Betrieb nichts mehr wie zuvor.

(d) Aufgrund des andauernden Starkregens und der heftigen Sturmböen hat das Auswärtige Amt eine Reisewarnung ausgegeben.

(d') Weil der Starkregen andauert und es heftige Sturmböen gibt, hat das Auswärtige Amt eine Reisewarnung ausgegeben.

Wie Sie vermutlich unschwer bemerkt haben, lassen sich in den Satzpaaren bzw. -tripeln (a/a' – d/d') jeweils gleich viele Sinneinheiten identifizieren. Und das, obwohl pro Paar jeweils nur ein Satz kommatiert ist. Zur besseren Nachvollziehbarkeit seien die Sinneinheiten an dieser Stelle kurz in eckigen Klammern notiert.

ad (a/a') Sinneinheiten: [sich wünschen] [Smartphone schenken/geschenkt bekommen]; alternativ: nur [Wunsch]

ad (b/b') Sinneinheiten: [hoffen] [stabil sein der Demokratie]; alternativ: nur [Hoffnung]

ad (c/c') Sinneinheiten: [Wahl des Politikers mit Stimmen der AfD] [nichts mehr wie zuvor sein]

ad (d/d') Sinneinheiten: [Andauernder Starkregen] [heftige Sturmböen] [Reisewarnung des Auswärtigen Amtes]

Einige Leser haben vielleicht auch mehr oder weniger Sinneinheiten gefunden. Das wäre nicht ungewöhnlich – denn selbst Wissenschaftler halten es für „schwierig [...], Sinneinheiten zu definieren" (Behrens 1989: 9). Mit den Sinneinheiten verhält es sich – bildlich gesprochen – wie mit einem Farn: Ein Blatt (eine Sinneinheit) kann, wenn man will, in immer kleinere Sinneinheiten aufgedröselt werden. Z. B. kann eine Sinneinheit in einem Text ein Satz sein, innerhalb eines Satzes bilden wiederum die „Satzglieder" gewisse Sinneinheiten – also Wortgruppen in bestimmten syntaktischen (Subjekt, Objekt) und semantischen Funktionen (Handlungsträger/Agens, Handlungsempfänger/Patiens), darin wiederum die Wörter und in ihnen schließlich die Morpheme als kleinste bedeutungstragende Einheiten einer Sprache.

Führen wir das Experiment fort und betrachten den folgenden Satz:

(e) Der völlig verzweifelte Peter sagte plötzlich etwas ganz Unerwartetes.

Was bildet hier nun eine semantische Einheit? Die Tatsache, dass Peter verzweifelt ist – oder dass er etwas sagt – oder dass er es plötzlich sagt – oder dass er etwas Unerwartetes sagt – oder alles zusammen?

Schreibt man mögliche semantische Einheiten vertikal untereinander, so kommt man mindestens zu den folgenden Varianten (e' – e'''):

(e') Der völlig verzweifelte Peter
sagte
plötzlich etwas ganz Unerwartetes.

(e'') Der
völlig verzweifelte
Peter
sagte
plötzlich
etwas ganz Unerwartetes.

(e''') Der
völlig
verzweifelte
Peter
sagte
plötzlich
etwas
ganz
Unerwartetes.

Kompetente Schreiber kämen in Beispiel (e) jedoch niemals auf die Idee, das Subjekt (hier: die Sinneinheit *Der völlig verzweifelte Peter*) und das Objekt (hier: die Sinneinheit *etwas ganz Unerwartetes*) oder die Sinneinheit *etwas ganz Unerwartetes sagen*) durch ein Komma nach dem Wort „sagte" zu trennen.

(f) *Der völlig verzweifelte Peter sagte, plötzlich etwas ganz Unerwartetes.

Genau dieser Fall tritt aber in inhaltlich vergleichbaren Komplementsätzen ein wie in (g):

(g) Der völlig verzweifelte Peter sagte plötzlich, dass er sich von seiner Frau Lisa scheiden lässt.

Hier werden Subjekt und Objekt durch ein Komma getrennt. Die Gründe sind aber nicht semantischer, sondern syntaktischer Art (es liegt eine Satzgrenze, vulgo: Hauptsatz-Nebensatz-Grenze vor).

Zwischenfazit: Wie die Beispiele (a) – (g) gezeigt haben, können semantische Grenzen und zu kommatierende phrasale Grenzen zusammenfallen, sie tun dies aber keineswegs regelmäßig. Das gleiche gilt, um auf Kapitel (2.1) zurückzukommen, für die Intonation: Man kann im gegebenen Satz *„Der völlig verzweifelte Peter sagte plötzlich, dass er sich von seiner Frau Lisa scheiden lässt"* beim Komma vor *„dass"* eine Pause machen und die Stimme heben – man muss dies aber keineswegs tun; der Satz ist auch ohne Pause und mit durchgängig schwebendem Stimmton gut verständlich und klingt dabei sehr natürlich – probieren Sie es einmal aus (vgl. auch Nerius 2007: 146; Peters 2016).

Diesem Umstand sollte vermutlich auch in der in Abschnitt 2.2.1 zitierten „Nasreddin"-Aufgabe mit der Aufforderung „Vergleicht, wo ihr die Pausen gesetzt habt" begegnet werden.

Hintergrundinformationen

Angesichts des im vorausgehenden Abschnitt dargestellten, eher zufällig als zwingend bestehenden Zusammenhangs zwischen Kommasetzung und Semantik (Sinnabschnitten/Bedeutungseinheiten) stellt sich die Frage, warum einige Schulbücher dennoch Lernende dazu anleiten, Sinnabschnitte, Kommas und ggf. Sprechpausen als sich gegenseitig bedingende Faktoren zusammenzudenken (vgl. Metz 2016).

Blickt man in die Kommaregeln der aktuellen Auflage der DUDEN-Rechtschreibung (DUDEN-RS [27]2017), so wird die Semantik an mehreren Stellen in Anschlag gebracht (s. Beispiel a– c).

(a) „D 101 [...] Gelegentlich hängt es vom Sinn des Satzes ab, ob Nebenordnung (Gleichrangigkeit) vorliegt oder nicht" (DUDEN-RS [27]2017: 76), als Beispiel wird folgende Phrase aufgeführt:

- *höher liegende unbewaldete Hänge* (ohne Komma, sofern es auch tiefer liegende unbewaldete Bäume gibt)
- *höher liegende, unbewaldete Hänge* (mit Komma, sofern die tiefer liegenden Hänge bewaldet sind) (ebd.)

(b) „Gelegentlich zeigt allein das Komma an, ob eine Aufzählung oder ein Zusatz vorliegt. In solchen Fällen kann also das Komma den Sinn des Satzes verändern." (DUDEN-RS [27]2017: 77)

- *Sabine, meine Schwester, und ich wohnen in demselben Haus (*Zusatz: *Sabine ist meine Schwester;* es ist von zwei Personen die Rede*).*
- *Sabine, meine Schwester und ich wohnen in demselben Haus (*Aufzählung: *Sabine und meine Schwester und ich;* es ist von drei Personen die Rede*)* (ebd.).

(c) „D 131 Ausrufe, kommentierende Äußerungen, Bekräftigungen werden durch Komma abgetrennt. Das Komma entfällt jedoch, wenn keine Hervorhebung gewollt ist." (ebd.: 89)

- *Ach, das ist aber schade!*
- *Wie eklig, igitt!*
- *Sie hatte, leider, keine Zeit für uns.*
- *Ja, ein Gläschen nehme ich noch.* (ebd.)

Das Komma kann bei Aufzählungen oder nachgestellten Zusätzen zur Sinnveränderung eines Satzes (a und b) oder zur Bekräftigung einer Äußerung bzw. eines Ausrufs (c) führen. Was hier mit Blick auf die zitierten Dudenregeln jedoch nicht klar genug herausgestellt werden kann, ist Folgendes:

Man kann zwar die Kommasetzung (Syntax) dazu nutzen, um inhaltliche Verhältnisse (Semantik) anzuzeigen – die leserseitige **Bedeutungskonstruktion ist aber eine Folge der zugrundeliegenden syntaktischen Verarbeitungsprozesse** (s. 3.1). Denn die Satzsemantik ist an die Syntax gekoppelt. Der Gesamtsinn eines Satzes resultiert vor allem aus den syntaktischen Beziehungen seiner Bausteine (Lotze et al. 2016: 54).

Aber die Kommasetzung kann nicht generell aus der Semantik bzw. aus wie auch immer gearteten Sinneinheiten abgeleitet werden. Selbst die vermeintlich ausschließlich semantisch zu erklärende Kommatierung inhaltlich entgegengestellter Konjunktionen wie „aber" oder „nicht nur – sondern auch" (vgl. D 113 im Duden [27]2017: 81) lässt sich mit der Unterscheidung von echt koordinierenden und nicht echt koordinierenden Konjunktionen auf einfache Weise syntaktisch erklären (vgl. Behrens 1989: 131 f.): Echt koordinierende Konjunktionen erkennt man daran, dass sie (theoretisch) beliebig oft wiederholt werden können, ohne dass der Satz ungrammatisch wird – dazu gehören die Konjunktionen *und* und *oder*. Nicht-echt koordinierende Konjunktionen können nicht beliebig oft wiederholt werden – sie müssen kommatiert werden (z. B. *nicht nur, sondern auch*). Dieser „Wiederholungstest", der aus didaktischer Sicht äußerst praktikabel ist, aber bedauerlicherweise noch nicht den Weg in die Schulbücher geschafft hat, wurde erstmals von Behrens vor rund 30 Jahren beschrieben:

„Die Koordination (‚Aufzählung') von gleichartigen Satzgliedern oder Teilen davon und von Nebensätzen gleicher Art wird durch *und, oder* oder das Komma markiert. [...] Ebenso wie *und, oder* verhalten sich auch koordinierende Konjunktionen wie *bzw., sowie, weder – noch* u. a. Die Alternative *Komma oder koordinierende Konjunktion* gilt für alle koordinierenden Konjunktionen, bei denen eine unbegrenzte Wiederholung der Koordination möglich ist. [...] Jede Koordination mit solchen Konjunktionen, mit denen eine Wiederholung der Koordination nicht möglich ist, wird durch Konjunktion und Komma angezeigt." (Behrens 1989: 131; Kursivdruck i.O.)

Manche Interpunktionstheorien der 1980-er, 1990-er Jahre veranschlagen dennoch – in der Tradition Karl-Ferdinand-Beckers[19] (vgl. Becker 1870) – ein sogenanntes semantisch-syntaktisches Prinzip, wonach „Sinneinheiten und -zusammenhänge auf der graphischen Ebene mit Hilfe der Interpunktion [abgebildet werden]" (Baudusch 1981: 213). Dass diese Annahme zu Widersprüchen führen kann, war bereits Konrad Duden bewusst. So steht im für alle verbindlichen Volksduden von 1915:

„Die Satzzeichen geben dem Leser an, wo er eine Pause zu machen, wo er die Stimme sinken zu lassen oder zu heben hat. Ferner sind sie für das Auge des Lesers ein Hilfsmittel, um die Gliederung des Satzes leicht zu überblicken. Nicht immer lassen sich die verschiedenen Zwecke der Zeichensetzung zugleich erreichen. Zuweilen erfordert die Gliederung des Satzes ein Zeichen, wo der Redende keine Pause macht, und umgekehrt. **Oft kann auch der Schreibende die Satzzeichen zur feineren Schattierung des Gedankens verwenden.**" (Hervorhebung G.E./C.N.).

Aus diesen Gründen lassen sich nicht für alle Fälle unbedingt gültige Regeln aufstellen; es muß vielmehr dem Schreibenden eine gewisse Freiheit bewahrt bleiben. (DUDEN-RS [9]1915: XXXVIII) Dieses Beschreibungsformat wurde sinngemäß bis zur 13. Dudenauflage von 1947 übernommen – ab der 14. Auflage von 1954 bis zur 19. Auflage von 1986 wird das grammatische Prinzip dem intonatorischen übergeordnet (vgl. (Sappok 2005: 154 f.), wie beispielsweise in der 16. Auflage der DUDEN-Rechtschreibung von 1967:

„Der Beistrich hat im Deutschen in erster Linie die Aufgabe, den Satz **grammatisch** zu gliedern. Daneben erfüllt er den ursprünglichen Zweck der Satzzeichen, die beim Sprechen entstehenden Pausen zu bezeichnen. Beide Prinzipien, das grammatische und das rhetorische, lassen sich nicht immer in Übereinstimmung bringen." (DUDEN-RS [16]1967: 18; Hervorhebung G.E./C.N.)

[19] Becker ging davon aus, dass die Interpunktionszeichen die Tonverhältnisse wiedergeben, die wiederum den logischen Verhältnissen im Satz entsprächen. Wörtlich schreibt er vor rund 150 Jahren: „Wenn die Interpunktion die Tonverhältnisse bezeichnet, durch welche die logische Form des zusammengesetzten Satzes in der Rede ausgedrückt wird; so muß die Lehre von dem Gebrauche der besonderen Interpunktionszeichen von den Verhältnissen der logischen Form des zusammengesetzten Satzes ausgehen" (Becker 1870: 549).

Da aber „das grammatische Prinzip [...] nicht alle Fälle eindeutig zu bestimmen [vermag]", so die Argumentation, „muß dem **Schreibenden** gerade beim Beistrich eine gewisse **Freiheit zur Abschattierung seiner Gedanken** bleiben" (ebd.; Hervorhebung G.E./C.N.).
In der 20. Dudenauflage, dem sogenannten „Einheitsduden" von 1991 werden weder die Intonation noch die Semantik (Gedanken) explizit im rein grammatisch orientierten Einleitungspassus zum Komma erwähnt. Allgemein heißt es:

„Das Komma steht innerhalb eines Satzes vor allem bei Aufzählungen, herausgehobenen Satzteilen sowie Einschüben und Zusätzen aller Art. Es steht jedoch nicht zwischen Satzgliedern, auch wenn diese durch Beifügungen sehr umfangreich sind." (DUDEN-RS [20]1991: 37)

Allerdings schwingt die Semantik – ähnlich wie in der aktuellen 27. Dudenauflage (s. o.) – in einer Vielzahl an Einzelfallerklärungen mit.
In der 21. Dudenauflage, der ersten nach der Reform von 1996, wird dann erneut auf die Gliederung des Satzes verwiesen, allerdings ohne den Hinweis, dass es sich um eine grammatische Gliederung handelt. Wie bereits im Volksduden acht Jahrzehnte zuvor (s. o.) bleibt es also dem Leser überlassen, ob er die Gliederungsfunktion des Kommas grammatisch und/oder semantisch auslegt. Wörtlich heißt es:

„Das Komma dient der Gliederung des Satzes. Es steht vor allem bei Aufzählungen, herausgestellten Satzteilen sowie Einschüben und Zusätzen aller Art. Es steht in der Regel jedoch nicht zwischen Satzgliedern, auch wenn diese durch Beifügungen sehr umfangreich sind." (DUDEN-RS [21]1996: 42)

Damit folgt der Duden der AR von 1996, die er im Wortlaut im Anhang wiedergibt[20] und in der die Satzzeichen als „Grenz- und Gliederungszeichen" (DUDEN-RS [21]1996: 893) bezeichnet werden; die Funktion des Kommas liege in der „Gliederung innerhalb von Ganzsätzen" (ebd.).
Auch in dieser Formulierung bleibt offen, ob eine grammatische und/oder inhaltliche Gliederung gemeint ist. Als Referenzgröße kommt der Leser ins Spiel, für den der Satz „überschaubar" gemacht werden soll. Wörtlich heißt es:

„Sie [die Satzzeichen; G.E./C.N.] dienen insbesondere dazu, einen geschriebenen Text übersichtlich zu gestalten und ihn dadurch für den Lesenden überschaubar zu machen. Zudem kann der Schreibende mit den Satzzeichen besondere Aussageabsichten oder Einstellungen zum Ausdruck bringen oder stilistische Wirkungen anstreben." (ebd.)

Obwohl in den Dudenregeln das semantische Prinzip (wie bereits das intonatorische) im Verlauf der Jahrzehnte durch das grammatische/syntaktische zurückgedrängt wurde, hat möglicherweise seit der Reform von 1996 ein „Reformunfall" (Bredel & Hlebec 2019: 7) zu einer Wiederbelebung semantischer Kommaentscheidungen in der Schreibgemeinschaft geführt. Denn da aus einigen obligatorischen Muss-Regeln fakultative Kann-Regeln wurden (z. B. bei der Kommatierung von Infinitiv- und Partizipgruppen, aber auch bei Adjektivgruppen) und das Komma u. a. genutzt werden sollte, um Missverständnisse auszuschließen (AR § 76 in (DUDEN-RS [21]1996)), machte sich eventuell das Missverständnis breit, Kommas dienen insgesamt eher zur Verdeutlichung von Inhalten als zur Markierung syntaktischer Grenzen (was sich bei überflüssig

[20] Bis zur 24. Auflage der DUDEN-RS (2006) wurden die *Amtlichen Regeln der deutschen Rechtschreibung* im Anhang abgedruckt – seit der 25. Auflage der DUDEN-RS (2009) wird darauf verzichtet. Die aktuell gültige AR ist im Internet unter https://www.rechtschreibrat.com/regeln-und-woerterverzeichnis/ abrufbar.

gesetzten Vorfeldkommas beobachten lässt; s. o.). Da aber die Frage, ab welcher „Komplexitätsstufe" eine „eigene Sinneinheit" (Müller 2007: 26) vorliegt, nicht eindeutig beantwortet werden kann (s. 2.2.1), scheint insgesamt mehr Unklarheit als zuvor zu herrschen (vgl. Bernasconi & Hlebec 2015). Dennoch gibt es aktuelle didaktische Ansätze, die den Bezug zur Semantik bei der Kommavermittlung als kindgerecht und natürlich postulieren (s. 5.1).

2.2.3 | Auf einen Blick: Vor- und Nachteile des semantischen Ansatzes

Vorteile	Nachteile
fördert Reflexion über Satzsemantik	führt zu Widersprüchen und Übergeneralisierungen
	nicht weitreichend
	fehlende Einsichtnahme in sprachstrukturelle Zusammenhänge
	Problemlösungspotential in gewisser Weise beim Lesen, jedoch nicht beim Schreiben

Tabelle 2: Didaktische Kriterien zur Bewertung der „Sinnabschnitt-Strategie"

Wie unsere Gegenüberstellung zeigt, überwiegen die Nachteile des semantischen Ansatzes deutlich, sodass er aus didaktischer Sicht nicht zu empfehlen ist. Im Unterricht sollte daher auf Hinweise verzichtet werden, die den Schülern suggerieren, sie könnten die Kommatierung nach semantischen Gesichtspunkten vornehmen. Im Fremdsprachenunterricht wiederum ergibt die semantische Zugriffsweise dagegen Sinn, wie wir in Kapitel 1 dargestellt haben: Im Englischen, Französischen und Spanischen werden Relativsätze semantisch in restriktiv und nicht-restriktiv unterschieden und entsprechend (nicht) kommatiert.

2.3 | Signalwörter (*weil, als, dass, ob*) als Kommaauslöser (lexikalischer Ansatz)

Eine in Sprachbüchern relativ verbreitete Methode arbeitet mit sogenannten „Signalwörtern", die dem Schreiber eine Kommastelle im Satz anzeigen.

Der Ansatz nutzt den Umstand, dass bestimmte Wörter die syntaktische Funktion besitzen, einen „Haupt- oder Nebensatz" (kurz: HS, NS) einzuleiten und dadurch bei HS-NS-Verbindungen unmittelbar hinter einem satzeinleitenden Komma stehen. Das trifft insbesondere auf die Gruppe der nebensatzeinleitenden Konjunktionen (Subjunktionen) wie *dass, weil, obwohl, nachdem* oder *als* zu (s. Beispiele 1 a-d), aber auch auf die – weniger eindeutigen – Relativpronomen (s. Beispiele 1 e-g).

(1) (a) Ich hoffe, dass du morgen kommst.
(b) Zyrafete weiß nicht, ob Alex mitspielen würde.
(c) Sie war noch klein, als die Familie in die Stadt zog.
(d) Mehmet ist enttäuscht, weil das Konzert abgesagt wurde.
(e) Die Karten, die nicht billig waren, behalten ihre Gültigkeit.
(f) Sie fährt nur in Länder, deren Sprache sie versteht.
(g) Wir spielen alle Lieder, welche wir gut finden.

In Sprachbüchern wird, wie wir im folgenden Abschnitt zeigen wefrden, die Methode mitunter ausgeweitet auf hauptsatzeinleitende Konjunktionen. Auch sie können im Satzgefüge direkt vor einem Komma stehen:

(h) Mehmet spielt Geige, und Klavier spielt er auch.

(i) Zyrafete freute sich, denn Alex würde auch mitspielen.

Müller (2007) wertet die Signalwortmethode unter Berufung auf Studien wie die von Melenk & Gundei (2001) sowie Metz (2004) als zuverlässiger als z. B. die Pausenhypothese, was u. a. daran liegen könne, „dass Konjunktionen und Relativpronomen sich mit der grammatischen bzw. syntaktischen Fundierung der Kommasetzung besser vertragen" (Müller 2007: 76 ff.). Tatsächlich existieren Wörter im Deutschen, die mehr oder weniger eindeutig Satzgrenzen markieren. Zwei Beispiele sind die **Subjunktionen** *weil* und *obwohl*: Da beide Wörter ausschließlich in dieser Funktion vorkommen, zeigen sie tatsächlich fast immer ein Komma an. Allerdings steht dieses nur bei der Abfolge Hauptsatz – Nebensatz dann auch direkt vor diesen Wörtern. Demgegenüber gibt es lexikalische Einheiten, die im Satz unterschiedliche Funktionen einnehmen können, z. B. *aber*: *Peter möchte schwimmen lernen, aber er traut sich nicht* (Konjunktion), *Peter will aber vor seinen Freunden glänzen* (Partikel); *und*: *Und Peter lernt jetzt sogar tauchen* (satzeinleitende Konjunktion), *Er springt vom Ein- und Dreimeterbrett* (Verknüpfer bei Aufzählungen); *während*: *Er stoppt die Zeit, während er seine Bahnen schwimmt* (Subjunktion), *Peter krault jetzt täglich 1000 m während seiner Mittagspause* (Präposition).

Müller (2007: 78) unterscheidet aus diesem Grund zwischen „starken" und „schwachen" Signalwörtern: Erstere besäßen eine relativ hohe Kommarelevanz, da sie „eine hohe Auftretensfrequenz haben" und „nicht (oder kaum) mit Homographen (sic!) aus anderen Wortarten verwechselt werden können." Schwache Signalwörter sind dementsprechend „Konjunktionen und Relativpronomen, deren Auftretensfrequenz geringer ist und die mit Homographen aus anderen Wortarten verwechselt werden" (ebd.).

Übung

In den folgenden Sätzen haben wir die Kommas weggelassen. Überprüfen Sie bitte einmal, ob Sie die Kommatierungsstellen anhand von Signalwörtern schnell und sicher finden. Bei welchen Sätzen funktioniert dies schnell und sicher, bei welchen weniger gut? Unterstreichen Sie jedes Wort, das Ihnen bei der Kommasetzung hilft. Hinweis: In jedem der Sätze kommt mindestens ein Signalwort vor, das kommaauslösend wirkt.

(a) Sabine wartete schon drei Stunden darauf dass der Mann von der Werkstatt zurückruft.

(b) Sie musste das Auto zur Reparatur geben weil der Motor dauernd stotterte.

(c) Nachdem sie ihren Wagen in die Werkstatt gebracht hatte sagte man ihr dass die Reparatur teuer werden könnte.

(d) Der KFZ-Meister der ihr ein Angebot gemacht hatte wirkte vertrauenerweckend.

(e) Weil sie knapp bei Kasse war zögerte sie ob sie die Reparatur überhaupt durchführen sollte.

Wenn Sie zielsicher die richtigen Kommas gesetzt haben, benötigen Sie die Signalwortmethode als Hilfestellung wahrscheinlich gar nicht. Wenn Sie allerdings gezweifelt haben, könnte dies daran liegen, dass die Struktur [HS] , [Signalwort NS] häufig so nicht vorliegt. In unseren Beispielsätzen ist dieses Muster lediglich bei (a) und (b) gegeben.

2.3.1 | Konkrete Aufgabenbeispiele

Die Signalwortstrategie begegnet uns häufig in Sprachbüchern für das fünfte oder sechste Schuljahr, meist in Verbindung mit der Grenze zwischen Haupt- und Nebensätzen. Um diese zu erkennen, werden den Schülern Listen von Konjunktionen und Subjunktionen präsentiert. In „Prologo 6" (Westermann 2009) etwa heißt es:

> „Werden **zwei Hauptsätze** oder **ein Hauptsatz und ein Nebensatz** mit einer **Konjunktion** *(aber, denn, doch, sondern, weil, wenn, während, falls, als, damit, obwohl)* verbunden, so werden die Sätze mit einem **Komma** abgetrennt" (ebd.: 117; Hervorhebungen i.O.).

In „Praxis Sprache 5" (Westermann 2010) finden wir unter der Überschrift „Signalwörter für die Kommasetzung" Folgendes:

> „Zwischen zwei Sätzen muss oft ein **Komma** gesetzt werden [...]
> Das Komma steht immer **vor Wörtern** wie
> *als, bis, damit, dass, nachdem, ob, obwohl, seit, sodass, weil, wenn.*
> Solche Wörter verbinden die beiden Sätze miteinander.
> Sie sind **Signalwörter** für die Kommasetzung.
> Beim Sprechen wird an der Kommastelle meistens eine kleine Pause gemacht."
> (Praxis Sprache 5, Westermann 2010: 220; alle Hervorhebungen i.O.)

Auch in Lehrwerken der Primarstufe kommt die Methode in Ansätzen vor, vgl.

> „Wenn du zu einem **Hauptsatz** einen **Nebensatz** schreibst, dann musst du dazwischen ein Komma setzen. Nebensätze können zum Beispiel anfangen mit dass, weil, als." (Kunterbunt 4, Klett 2010: 145; Hervorhebungen i.O.)

Allen Beispielen gemein ist die Koppelung der Signalwörter an die syntaktische Struktur; Wörter, vor denen in der Regel ein Komma steht, werden als satzeinleitende Wörter vorgestellt. Beispiele für einen ungefilterten Signalwortansatz nach dem Motto „Vor einem Signalwort steht immer ein Komma" haben wir in aktuellen Sprachbüchern nicht gefunden. Dennoch werden wir im Folgenden von dieser Möglichkeit ausgehen, weil es in nicht autorisierten Quellen, zum Beispiel in Online-Lernhilfen, genügend Beispiele dafür gibt und es daher wahrscheinlich ist, dass sich Lehrkräfte und Schüler damit befassen – und sich evtl. auf diese Strategie verlassen.

Um zu entscheiden, wie weit ein solches Verfahren tragen würde, muss geklärt werden, ob

- vor den entsprechenden Wörtern immer ein Komma steht und
- Nebensätze immer durch eine Subjunktion eingeleitet werden.

2.3.2 | Experiment: Wie weit kommt man mit der „Signalwort-Strategie“?

Deshalb stellen wir uns auch hier wieder die Frage, wie verlässlich die Strategie für Schüler ist. Als verlässlich kann eine Strategie dann gelten, wenn sie den betreffenden Kernbereich sicher abdeckt und keine Ausnahmen generiert. Dafür unterziehen wir auch diese Methode einem Stresstest, indem wir uns unterschiedliche Beispielsätze anschauen, die aus Haupt- und Nebensatz bestehend eine interne Satzgrenze enthalten:

(1) (a) Alex hofft, dass er zu dem Skatabend noch rechtzeitig kommt.
(b) Er weiß nicht, ob die anderen auf ihn warten.
(c) Weil er schon zweimal unpünktlich war, wollen seine Freunde keine Rücksicht mehr nehmen.
(d) Wenn er es wieder vermasselt, werfen sie ihn womöglich aus der Gruppe.
(e) Kommt er allerdings pünktlich, ist alles in Butter.
(f) Ülkü freut sich, weil die Sonne scheint und weil sie einen freien Tag hat.
(g) Plötzlich steht Peter vor der Tür, mit dessen Besuch sie eigentlich nicht gerechnet hat.

Die Sätze (1 a) und (b) sind im Sinne des Signalwortansatzes unproblematisch. Sie weisen eine HS-NS-Struktur auf, der Nebensatz wird jeweils durch eine Subjunktion eingeleitet (*dass* bzw. *ob*), wovor jeweils ein die beiden Sätze trennendes Komma steht. Allerdings folgen nicht alle komplexen Satzgefüge im Deutschen dieser Struktur: In (1 c) und (d) ist die Reihenfolge von Haupt- und Nebensatz umgedreht, der Nebensatz steht vor dem Hauptsatz. Da die nebensatzeinleitende Subjunktion in diesen Fällen mit dem Satzanfang zusammenfällt, kann davor selbstverständlich kein Komma stehen. Das Komma steht zwar auch hier an der Grenze zwischen den beiden Gliedsätzen, wird aber durch kein dahinterstehendes Wort begleitet.

Auch Satz (1 e) weist eine HS-NS-Struktur auf und die Gliedsätze werden mit Komma abgetrennt. Allerdings gibt es im Deutschen die Besonderheit des uneingeleiteten Nebensatzes mit Verb in Erstposition („Kommt er pünktlich, ...“).

Satz (1 f) enthält eine Aufzählung von eingeleiteten Nebensätzen. Die entsprechenden Formulierungen der AR lauten „§ 71 Gleichrangige (nebengeordnete) Teilsätze, Wortgruppen oder Wörter grenzt man mit Komma voneinander ab.“ – „§ 72 Sind die gleichrangigen Teilsätze, Wortgruppen oder Wörter durch *und, oder,* [...] verbunden, so setzt man kein Komma.“

Bei (1 g) handelt es sich um einen Relativsatz, dessen einleitendes Relativpronomen Teil einer Präpositionalphrase ist, weshalb der Nebensatz nicht mit dem Pronomen beginnt. Dies könnte für Schüler schwierig zu erkennen sein.

An dieser Stelle könnte man mit Häufigkeiten argumentieren und behaupten, die HS-NS-Struktur mit einleitender Subjunktion (1 a, b, f) stelle gegenüber den anderen Satzmustern (1 c- g) den Regelfall dar. Dann hätten Schüler, die strikt nach dieser Strategie verfahren, eine relativ gute Chance, die meisten satztrennenden Kommas richtig zu setzen. Schauen wir uns allerdings Texte an, die von Schülern potentiell gelesen werden, wie Jugendromane, Schulbuchtexte oder auch Internetseiten, dann begegnet uns dort seine Vielzahl unterschiedlicher Satzkonstruktionen, und es ist davon auszugehen, dass Schüler sie beim Schreiben auch selbst produzieren. Hinzu kommt, dass die lesersteuernde Funktion des Kommas in diesem Ansatz keine Rolle spielt. Es geht ausschließlich darum, das Komma beim Schreiben an den vorgesehenen Stellen kognitiv entlastend zu setzen. Genau dieser Aspekt der fehlenden Unterscheidung zwischen online- und offline[21]-Perspektive ist auch in Bezug auf die oben zitierten Studien (Müller 2007; Melenk & Gundei 2001) zu konstatieren. Die Aussage, dass „etwa 40% der kommarelevanten Textstellen allein über [Listen mit kommarelevanten Signalwörtern; G.E./C.N.] lösbar" (Müller 2007: 76) seien, geht vom Ergebnis aus, bedeutet aber nicht zwangsläufig, dass der Schreiber nicht auch andere Textstellen erst einmal als kommarelevant einschätzt.

Wenn wir nun zusätzlich die konkrete Regelformulierung in dem Beispiel aus „Praxis Sprache" oben („Das Komma steht immer vor Wörtern wie *als*, *bis*, *damit*, ...") auf ihre Anwendbarkeit hin testen, dann lässt sich leicht feststellen, dass sie zwar dort, wo Kommas stehen sollen, relativ zuverlässig zu richtigen Ergebnissen führt, andererseits aber auch überflüssige Kommas produziert, vgl.

(2) (a) Sie ist größer, als du denkst. vs. *Sie ist größer, als du.
(b) Er blieb, bis das Taxi kam. vs. *Er blieb, bis zum Abend.
(c) Was macht ihr, damit ihr fertig werdet? vs.
*Was macht ihr, damit nach den Feiertagen?

Entscheidend ist, dass sich der Begriff „Signalwort" nicht auf die lexikalische Einheit, sondern auf die syntaktische Funktion bezieht. In der Konstruktion *Sie war schon da, als ich nach Hause kam.* ist *als* eine nebensatzeinleitende **Subjunktion**, in *Sie ist größer als du.* handelt es sich dagegen um eine **modale Konjunktion**, die auch Elemente verbinden kann, die keine Sätze bzw. satzwertigen Einheiten sind. Im ersten Fall steht vor *als* ein Komma, im zweiten nicht. Da Homonyme wie diese offenbar eine häufige Fehlerquelle darstellen, gerade weil Schreiber dazu neigen, bestimmte Wörter als grundsätzlich kommarelevant zu interpretieren, hält die AR einen Regelzusatz zu §74 vor, nämlich „E3: Vergleiche mit *als* oder *wie* in Verbindung mit einer Wortgruppe oder einem Wort sind keine Nebensätze; entsprechend setzt man kein Komma." Es dürfte deutlich sein, dass dieser Zusatz aus struktureller Perspektive redundant ist.

Abgesehen von dem grundsätzlichen Problem, dass die satzinterne Satzgrenze nicht die einzige Kommadomäne ist (s. 3.1), können wir als einen weiteren Nachteil der Signalwortmethode festhalten, dass mit ihr längst nicht alle satztrennenden Kommas erfasst werden, da Nebensätze auch uneingeleitet sein können (a). Außerdem kann der Nebensatz dem Hauptsatz vorangehen (b), wodurch das Komma vor dem uneingeleiteten Teilsatz und nicht vor dem Signalwort steht:

(3) (a) *Ich kaufe, was ich nicht selbst anpflanzen kann.*
(b) *Dass du heute Geburtstag hast, wusste ich gar nicht!*

Aus den bisher aufgezeigten linguistischen Nachteilen ergibt sich folgende didaktische Crux: Die Signalwortmethode ist ein reines Anwendungsverfahren ohne strukturelle Fundierung. Eine Einsichtnahme in die strukturellen (hier: syntaktischen) Zusammenhänge wird nicht explizit angeleitet, und den Schülern werden auch keine Möglichkeiten eröffnet, im Zweifelsfall selbst zu

[21] „Online" bedeutet hier, dass der Schreiber bzw. Leser während des Prozesses der Sprachverarbeitung Wissen aktiviert, dass für die erfolgreiche Verarbeitung von Wörtern, Sätzen und Texten benötigt wird. Demgegenüber bezeichnet der Ausdruck „offline" gespeichertes Wissen, welches abgerufen wird, z. B. um eine Regel zu benennen, s. 4.1.

adäquaten Lösungen zu gelangen. Es ist daher schwer vorstellbar, dass Schülerinnen und Schüler, die sich mit dem Erkennen von sprachlichen Strukturzusammenhängen schwertun, durch diese Methode zu einer sicheren Kommasetzung gelangen.

Hintergrundinformationen

Wie oben bereits ausgeführt, hat Müller (2007) die Effekte der einzelnen Theorien zur Kommadidaktik empirisch getestet, so auch die Signalworthypothese. Dies erfolgte methodisch durch eine Befragung der Probanden, die ihre in Diktaten und freien Texten gesetzten Kommas jeweils begründen sollten. Dabei zeigte sich erwartungsgemäß eine hohe Effektstärke bei den „starken" Signalwörtern *weil* und *dass* und eine geringe bei den „schwachen" (Relativpronomen und Konjunktionen).

Müller (2007: 243 ff.) ist zuzustimmen, wenn er darauf hinweist, dass „die Signalwortmethode nicht zu behavioristisch gedacht werden" dürfe, also nicht mechanisch nach bestimmten Wörtern unreflektiert Kommas gesetzt werden sollen. Vielmehr handele es sich um ein Verfahren, das den Schreibenden Hinweise liefere, die „weitere Verarbeitungsmechanismen" auslösen. In die Schreibpraxis umgesetzt bedeutet dies, dass ein Wort wie *weil* den Schreiber in eine mentale Hab-Acht-Stellung versetzt und zur Analyse der syntaktischen Strukturen anregt. Erst wenn dies zur Bestätigung einer kommarelevanten Struktur führt, wird das Komma auch tatsächlich gesetzt. Dabei ist es denkbar, dass „stärkere" Signalwörter leichter und schneller zum korrekten Komma führen als „schwächere" Signalwörter, bzw. dass „stärkere" Signalwörter auch bei unsicheren Schreibern erfolgreich sein können.

Als kleiner Nachsatz sei erwähnt, dass in Lernhilfen mitunter sehr eigenwillige Auslegungen einschlägiger Strategien kursieren. So findet sich in dem Übungsband *Deutsch an Stationen* (Röser 2012) folgende Übung:

„Unterstreiche die Signalwörter, die auf einen anschließenden dass-Satz hinweisen. Setze die Kommas und ergänze die Lücken mit *das* oder *dass*. Der Chef wurde davor gewarnt ________ niemand von dem Vorfall erfahren dürfe. Er erklärte dazu ________ er konkurrenzfähig bleiben möchte und er das Geschäft ________ in den roten Zahlen steht gerne erhalten möchte."

Hier wird der Ausdruck „Signalwort" auf die im Hauptsatz stehenden Verweiswörter (*davor, dazu, dafür, daran*) übertragen. Es handelt sich hierbei um Präpositionaladverbien, die sich bei kataphorischem Gebrauch (= Vorausverweisen) auf einen mit *dass* eingeleiteten Nebensatz beziehen können, aber nicht müssen. Ebenfalls möglich sind Infinitivgruppen, die dann auch mit Komma abzutrennen sind und die übrigens auch mit dem Pronomen *das* beginnen können: *Der Chef wurde davor gewarnt, das Geschäft abzuschließen.* Die Wörter selbst können im Satz aber auch eine vollkommen andere Funktion ausüben, bei der keine Wiederaufnahme vorliegt: *Der Chef wurde davor gewarnt.*

2.3.3 | Vor- und Nachteile des lexikalischen Ansatzes

Als Fazit aus unseren Beobachtungen und Analysen ergibt sich folgende Gegenüberstellung:

Vorteile	Nachteile
kognitiv entlastend[22]	begrenzt auf ein Satzbaumuster (HS-NS_{Subj})
Hinweisgeber auf syntaktische Strukturen, die ein Komma erfordern; Aktivierung syntaktischer Analysetätigkeit	fehlende Einsichtnahme in sprachstrukturelle Zusammenhänge
	geringes Problemlösungspotential
	anfällig für Übergeneralisierungen

Tabelle 3: Didaktische Kriterien zur Bewertung der „Signalwort-Strategie"

Bei einem relativ mechanischen Aufspüren von kommaauslösenden Wörtern im Satz ist die kognitive Anstrengung seitens der Schüler eher gering, und es kann sich schnell ein automatisierender Effekt hinsichtlich der angestoßenen syntaktischen Analyse einstellen. Auf der anderen Seite stehen allerdings die Nachteile, dass die Methode bei abweichenden Satzbaumustern und bei formgleichen Wörtern mit anderer Funktion fehleranfällig ist. Dies erklärt, weshalb sie in den von uns überprüften Lehrwerken nie als alleinige Methode vorgestellt wird, sondern immer in Kombination mit strukturbasierten Ansätzen, insbesondere dem im folgenden Abschnitt vorgestellten syntaktischen Ansatz. Darüber hinaus geben die von Metz in ihrer Wirksamkeitsstudie geführten Schülerinterviews Hinweise darauf, dass die Schüler erst Kommas setzen – und anschließend schauen, wo sich die Konjunktion befindet, die sie anhand des Merkmals "steht am Satzanfang oder nach dem Komma" (Metz 2005: 154) zu identifizieren versuchen.

2.4 | Haupt- und Nebensatzgrenze als Kommaauslöser[23])

Während die Signalwortmethode als Hinweisgeber operiert, der die Schreiber zu weiteren Analysen auffordert, geht es in diesem Abschnitt um ein Verfahren, bei dem die syntaktische Analyse selbst im Vordergrund steht. Insgesamt fünf (§§ 71-74, 76) der amtlichen Kommaregeln beziehen sich im Wortlaut auf das Komma zwischen Sätzen, lediglich in § 74 geht es explizit um das Komma zwischen Haupt- und Nebensätzen: „Nebensätze grenzt man mit Komma ab; sind sie eingeschoben, so schließt man sie mit paarigem Komma ein." In §§ 71-73 werden Sätze als Sonderfälle von Aufzählungen behandelt, worauf wir an dieser Stelle nicht eingehen werden.

2.4.1 | Konkrete Aufgabenbeispiele

In den Schulbüchern der Sekundarstufe I findet sich der Ansatz vom Komma als Satzgrenze relativ häufig, in der Regel in Kombination mit weiteren Strategien: So ist in „Praxis Sprache" 6 (Westermann 2010) das entsprechende Kapitel tituliert mit „Das Komma zwischen Haupt- und

22 Unter dem Ausdruck verstehen wir eine von der Aktivierung von Regelwissen und anderen kognitiven Prozessen entlastete Prozedur, etwa durch das Auffinden oder Anwenden bestimmter sprachlicher Muster.

23 Ohne Valenzbezug meint, dass hier – im Unterscheid zu dem Ansatz in 2.5 – die Verbvalenz keinerlei Berücksichtigung findet.

Nebensatz" (ebd.: 214). Innerhalb der Unterrichtsreihe finden sich Übungen zu nebensatzeinleitenden Konjunktionen, die hier zwar nicht explizit als Signalwörter benannt werden, aber offenkundig entsprechend dem „Signalwortansatz" als Hilfestellung für das Auffinden der Kommapositionen dienen sollen:

> „Das Komma steht vor Wörtern wie ..."; „ *als bevor dass obwohl sodass während weil wenn* [...] sind die häufigsten Konjunktionen, die Nebensätze einleiten können." (ebd.; Hervorhebung G.E./C.N.)

Zusätzlich findet sich der Hinweis auf prosodische Umsetzungen beim Vorlesen, vgl.

> „Nebensätze werden durch Kommas abgetrennt. Beim deutlichen Vorlesen eines Satzes kann man das Komma zwischen Hauptsatz und Nebensatz meistens an einer Sprechpause erkennen." (ebd.)

Im Kern der Komma-Vermittlung steht in „Praxis Sprache" 6 das Erkennen und Auffinden von Teilsatzgrenzen innerhalb des komplexen Satzes. Die Erarbeitungsschritte sind etwa die folgenden:

- Fokussierung auf komplexe Sätze, Aufmerksamkeitsunterstützung durch Pausieren beim Vorlesen an der Kommaposition;
- Unterstreichen des ersten und letzten Wortes im nach dem Komma stehenden Teilsatz; Entdecken von Subjunktion und finitem Verb in Letztstellung als nebensatzeinrahmende Elemente;
- expliziter Hinweis auf häufige nebensatzeinleitende Wörter als Strategie beim Auffinden der satzinternen Grenze;
- Umstellen der Teilsätze; Entdecken, dass die Subjunktion dann zu Beginn des Ganzsatzes und nicht hinter der Kommaposition steht.

2.4.2 | Experiment: Wie weit kommt man mit der „Nebensatzklassifikationsstrategie"?

Um mithilfe der Nebensatzklassifikationsstrategie Kommas richtig zu setzen, kommt es logischerweise darauf an, dass die Schreiber Nebensätze erkennen. Im Deutschen gibt es, was die **Verbstellung** (d.h. die Stellung des finiten Verbs) betrifft, folgende Arten von Nebensätzen:

- Nebensätze mit Verbletztstellung
  - mit Subjunktion („Er fehlt heute, weil er krank ist.")
  - ohne Subjunktion („Lisa klingelt bei Paula, mit der sie schon länger nicht mehr gespielt hat.")
- Nebensätze mit Verbzweitstellung („Er ist sicher, am Ende **wird** alles aufgeklärt.")
- Nebensätze mit Verberststellung („**Springt** die Ampel auf Grün, darf man fahren.")

Für unser Experiment schauen wir uns wieder verschiedene Beispielsätze an:

(1) (a) Lum liest jede Woche zwei Romane.
    (b) Lum liest jede Woche zwei Romane, aber nicht in der Woche vor Ostern.
    (c) Lum hofft, dass er diese Woche sogar drei Bücher schafft.
    (d) Weil er eine neue Lesebrille hat, geht das Lesen jetzt noch flüssiger.

(e) Lum kann, nachdem er „Krieg und Frieden“ ausgelesen hat, nicht sofort mit einem neuen Buch beginnen.

(f) Lum rechnet aber damit, am Montag wieder Zeit zum Lesen zu haben.

(g) Hat Lum seine Bücher ausgelesen, kauft er sich meistens neue.

Die Kommas in den Sätzen sind folgendermaßen zu begründen und werden durch die Nebensatzklassifikationsstrategie entweder erfasst (✓) oder nicht erfasst (--):

ad (1 a) Der Satz besteht aus einem einfachen Hauptsatz, dementsprechend wird kein satztrennendes Komma gesetzt. (✓)

ad (1b) Laut DUDEN-RS liegt hier eine Reihung mit entgegensetzender (adversativer) Konjunktion vor, die durch Komma abgetrennt werden muss. Der zweite Teilsatz ist elliptisch und daher nicht als solcher zu erkennen. (--)

ad (1c) In dem Satz gibt es einen durch Subjunktion („dass“) eingeleiteten Nebensatz (Verbletzt). (✓)

ad (1d) Auch in diesem Satz liegt ein eingeleiteter NS mit Verbletztstellung vor, hier allerdings vor dem HS. Durch die Subjunktion („weil“) und die Verbstellung ist er als NS zu erkennen. (✓)

ad (1e) Der Satz enthält ebenfalls einen eingeleiteten („nachdem“) Nebensatz, dieser ist in den HS (*Lum kann nicht sofort mit einem neuen Buch beginnen.*) eingeschoben. Die finiten Verben „kann“ und „hat“ deuten zwar auf zwei Sätze hin, die NS-Klassifikationsstrategie ermöglicht es aber nicht, die Satzgrenze genau zu ermitteln. Der Schreiber läuft hier Gefahr, das Komma an einer falschen Stelle zu vermuten. (--)

ad (1f) Hier gibt es keinen Nebensatz, aber ein satzwertiges Element (*am Montag wieder Zeit zum Lesen zu haben*). Da dieses weder durch eine Subjunktion eingeleitet ist, noch ein finites Verb aufweist, kann es mit der NS-Klassifikationsstrategie nicht ermittelt werden und fällt somit durch das Raster. (--)

ad (1g) Der Satz enthält zwar einen Nebensatz, dieser weist jedoch eine abweichende Struktur auf: Das Verb steht hier an erster Position: „Hat Lum seine Bücher ausgelesen“. Da es in dem Satz insgesamt zwei finite Verben gibt, kann der Schreiber darauf kommen, dass zwei Sätze vorliegen und ein Komma gesetzt werden muss. Wie bereits in Satz e) besteht bei Anwendung der NS-Klassifikationsstrategie aber die Möglichkeit, dass es an der falschen Stelle gesetzt wird. (--)

Im Ergebnis zeigt sich folgendes Bild:

	korrekt	nicht korrekt
a	einfacher Satz	
b		elliptische Teilsätze
c	HS – NS $_{(Subj)}$	
d	NS $_{(Subj)}$ – HS	
e		HS – eingebetteter NS
f		HS – IP
g		NS $_{(V\text{-}erst)}$ – HS

Tabelle 4: Richtige und falsche Resultate nach Anwendung der „Hauptsatz-Nebensatz-Strategie" bei verschiedenen Satzbaumustern (HS = Hauptsatz; NS = Nebensatz; IP = Infinitivphrase; NS $_{(Subj)}$ = eingeleiteter Nebensatz; NS $_{(V\text{-}erst)}$ = Nebensatz mit Erststellung des finiten Verbs), s. Beispiele (1 a-g).

Hintergrundinformationen

In einer vielbeachteten Studie hat Hartmut Melenk bereits 1998 die Kommasetzung bei Achtklässlern untersucht. In der Interventionsstudie mit Pre-, Post- und Follow-Up-Test ging es um die Frage, ob die Schüler das Komma zwischen Sätzen erfolgreicher umsetzen, wenn es ihnen mithilfe einfacher Regeln dezidiert vermittelt und in entsprechenden Übungsphasen vertieft und gefestigt wird, als wenn dies nicht geschieht. Melenk beruft sich auf die von Menzel & Sitta (1982) aufgestellte Systematik aus lediglich fünf Grundregeln, die nach der Rechtschreibreform auf nunmehr drei Fälle reduziert werden können, nämlich

- Aufzählung,
- Abgrenzung von Sätzen (HS-HS, HS-NS, NS-NS) und
- Unterbrechung (Apposition etc.) (ebd.: 45).

Diese Grundregeln wurden in den teilnehmenden Klassen geübt und getestet; auf Regelerweiterungen oder die Hervorhebung einzelner Fälle, wie es in der AR, in der DUDEN-RS oder auch in Lehrwerken zu finden ist, wurde bewusst verzichtet. Vor dem Hintergrund, dass „die Kommasetzung [...] grammatisch vollständig rekonstruiert werden [kann]" (ebd.: 55), wurden die Probanden auch einem Grammatiktest unterzogen. Dies sollte im Rahmen der Studie Aufschlüsse über die Fehlerursachen ermöglichen.

Im Ergebnis zeigte sich u. a., dass die Grammatikkenntnisse der Schüler insgesamt als eher schlecht zu bezeichnen sind. Zu Beginn der Erhebung (Pretest) konnte mehr als die Hälfte (53%) von ihnen Haupt- und Nebensätze nicht ausreichend unterscheiden und sogar 91% waren nicht in der Lage, finite Verbformen zu erkennen – beides wird von Melenk selbst auch nicht als notwendig erachtet, da „ein diffuses Satzgefühl" (Melenk 1998: 57) für eine korrekte Kommasetzung ausreiche. Zwar konnten die schülerseitigen Grammatikkenntnisse durch die Intervention gesteigert werden, der Zuwachs an Wissen erwies sich jedoch als nicht stabil genug, um auch im Follow-Up-Test gehalten werden zu können (ebd.: 55 ff.). Müller (2007) stellt einen eher geringen Effekt bei der syntaktischen Begründung fest, den er mit der vergleichsweise engen Operationalisierung der entsprechenden Hypothese interpretiert. Die Ergebnisse zeigten aber nicht unbedingt, dass den Probanden syntaktisches Strukturwissen fehle (Müller 2007: 246 ff.).

2.4.3 | Vor- und Nachteile des syntaktischen Ansatzes (ohne Valenzbezug)

Auch hier nehmen wir wieder die Gegenüberstellung vor:

Vorteile	Nachteile
geringe Gefahr der Übergeneralisierung	deckt nicht sämtliche Fälle von Nebensätzen ab
Einsichtnahme in sprachstrukturelle Zusammenhänge	geringes Problemlösungspotential

Tabelle 5: Didaktische Kriterien der „Nebensatz-Strategie"

Die Methode zeigt in der Summe ein relativ ausgewogenes Bild: Den Vorteilen einer geringen Gefahr von Übergeneralisierung und einer Förderung der Sprachreflexionskompetenz stehen die Nachteile gegenüber, nicht sämtliche Fälle von Nebensätzen zu erfassen und ein eher geringes Problemlösungspotential aufzuweisen. Zwar hat Müller (2007: 170) festgestellt, dass Schüler in ihren Begründungen für das Setzen eines Kommas durchaus Nebensatzstrukturen auf Hauptsätze übertragen; aber auch wenn die Schüler den Nebensatz als Standardantwort verinnerlicht haben, ist dies kein Widerspruch zu der geringen Gefahr der Übergeneralisierung, da den Antworten kein Strukturwissen zugrunde liegt; so geht Müller selbst davon aus, dass

> „es sich bei der Hauptsatz-Nebensatz-Begründung um [...] eine Art Default-Antwort [handelt], die tendenziell dann eingesetzt wird, wenn bestimmte allgemeine Gegebenheiten vorhanden sind und präzisere Begründungsmöglichkeiten fehlen" (ebd.: 171).

2.5 | Valenzrahmen und Satzgrenzen als Kommaauslöser

Ebenfalls von der Satzgrenze ausgehend, aber mit dem Fokus auf die Verbvalenz, arbeitet das Modell von Lindauer und Sutter. Methodisch grundschulorientiert werden Sätze als „Königreiche" dargestellt, mit einem „König" (= Verb) als Regenten und seinen Untertanen (Ergänzungen, zuzüglich der Angaben, da sie ebenfalls zum Königreich zählen). Entsprechend diesem Bild gibt es benachbarte Reiche, die durch eine Grenzmarkierung (= Komma) voneinander getrennt sind[24]. Zwischen Haupt- und Nebensätzen wird nicht unterschieden, ebenso wenig zwischen unterschiedlichen Satztypen (Relativsatz, Objektnebensatz etc.), da dies „vom Kernproblem ablenkt und die meisten Schüler und Schülerinnen verwirrt und überfordert" (ebd.: 28). Kommaauslösend ist nach diesem valenzorientierten Ansatz also einzig das Vorhandensein eines Vollverbs. Aus linguistischer Sicht ist das Modell auch deshalb beschreibungsadäquat, weil es satzwertige Einheiten einschließt:

> „Auf eine Unterscheidung von finiten und infiniten Verbformen verzichten wir, da wir der Meinung sind, dass es meist sinnvoll ist, Sätze mit infiniten Verbformen ebenfalls vom übergeordneten Satz zu trennen." (ebd.: 173 (FN3))

Bei einer vom Valenzrahmen des Verbs ausgehenden Modellierung ist es im Grunde unerheblich, ob bzw. wie Sätze eingeleitet werden; dennoch regen die Autoren an, Signalwörter ruhig mit einzubeziehen, da sie sich „für Schülerinnen und Schüler immer wieder als hilfreich" erweisen (ebd., FN2). Zentral ist jedoch der Satz als vom Verb abhängige Einheit.

[24] Lindauer und Sutter weisen darauf hin, dass die Bildsymbolik je nach Vorliebe abgewandelt werden könne.

2.5.1 | Konkrete Aufgabenbeispiele

Das Unterrichtsmodell wird von Lindauer und Sutter (2005), wo es das erste Mal für die 5./6. Klassenstufe vorgestellt worden ist, als mehrstündige Einheit konzipiert. Die Grundintention des Modells liegt vor allem im „Erarbeiten von Proben und von Kategorien, die bei der Reflexion über Kommafehler genutzt werden können" (ebd.: 30). In dem überwiegend induktiv angelegten Modell geht es zunächst darum, dass die Schüler die Metaphern „König" und „Untertanen" als Elemente eines „Königreichs" verstehen. Anschließend erfolgt schrittweise die Beschäftigung mit Satzstrukturen, die die Schüler z. B. durch Umstellen explorieren. Die Schüler lernen, dass jedes „Königreich" einen „König" bzw. ein „Königspaar" (= mehrteiliges Prädikat) sowie entsprechende Untertanen aufweist und durch Grenzmarkierungen eingehegt ist. Folgt nach einer solchen Grenze ein weiteres Königreich, so wird ein Komma gesetzt.

Eines der wenigen Lehrwerke, die die „Königreich"-Methode adaptiert haben, ist „D Eins" (Westermann 2017), wenn auch mit anderer Nomenklatur. Im Band für das sechste Schuljahr finden wir folgende Aufgabenbeispiele:

- „Wenn du erkennst, welche Satzglieder zum Verb gehören, hilft dir das auch bei der Zeichensetzung."
- „[...] Kreise das finite Verb ein. Setze zur Beendigung des Satzes ein Radiergummi als Grenzmarkierer."
- „Könnt ihr eine Regel ableiten, wie man erkennen kann, wo ein Komma (oder ein anderes Satzzeichen) als Grenzmarkierer stehen muss?" (ebd.: 309).

Direkt von Lindauer & Sutter (2005) übernommen sind die Schritte *Ermittlung der Satzglieder mithilfe der Umstellprobe, Markierung des (finiten) Verbs, Setzen einer Grenzmarkierung.*

Ein weiteres Beispiel für die Orientierung am Valenzrahmen, jedoch didaktisch weniger elaboriert, findet sich in „wortstark 6" (Schroedel 2009). Darin heißt es

> „Satzzeichen bringen Ordnung in Texte und Sätze. [...] Um herauszufinden, wo ein Satzzeichen hingehört, musst du auf das Verb achten: Alles was zu einem Verb gehört, bildet eine Sinneinheit (einen Gedanken). Wo eine Sinneinheit aufhört und eine neue beginnt, steht ein Satzzeichen." (ebd.: 230)

An anderer Stelle wird im selben Buch auf die verschiedenen Satztypen eingegangen, wobei auch hier das Komma Erwähnung findet:

> „Sätze, in denen das konjugierte Verb am Ende steht, nennt man Nebensätze [...]. Sie werden durch ein Verbindungswort eingeleitet. Zwischen Hauptsatz und Nebensatz steht ein Komma." (ebd.: 224)

2.5.2 | Experiment: Wie weit kommt man mit der „Königreich-Strategie"?

Um die Methode auf ihre Effizienz hin zu überprüfen, wenden wir sie auf all die Fälle an, die in den Abschnitten 2.2 – 2.4 gescheitert sind. So kann allein mit dem semantischen Ansatz (2.2) nicht zufriedenstellend beantwortet werden, wann Sinneinheiten durch Komma abgetrennt werden (a) und wann nicht (b). Die Signalwortmethode (2.3) war bei uneingeleiteten Nebensätzen (c) und NS-HS-Konstruktionen (d) nicht erfolgreich; andererseits werden durch sie falsche Kommas generiert, wenn nur das Wort und nicht seine syntaktische Funktion beachtet wird (e). Der Satzgrenzenansatz ohne Valenzbezug (2.4) schließlich scheitert bei eingeschobenen Nebensätzen (f), Infinitivkonstruktionen (g) und Verb-erst-Nebensätzen (h). Zusätzlich testen wir den Königreichansatz auch auf komplexe Sätze aus Hauptsätzen (i) sowie auf satzwertige Einheiten (j).

(a) Nach der Wahl des CDU-Politikers mit Stimmen der AfD zum Ministerpräsidenten war im politischen Betrieb nichts mehr wie zuvor.
(b) Nach der Wahl des CDU-Politikers die er mit Stimmen der AfD gewonnen hat war im politischen Betrieb nichts mehr wie zuvor.
(c) Sie freut sich auf den Film den sie sich im Kino anschauen will.
(d) Dass es noch freie Plätze gibt ist aber noch nicht sicher.
(e) Sie rechnet damit pünktlich zu sein.
(f) Lum kann nachdem er „Krieg und Frieden" ausgelesen hat nicht sofort mit einem neuen Buch beginnen.
(g) Lum rechnet aber damit am Montag wieder Zeit zum Lesen zu haben.
(h) Hat Lum seine Bücher ausgelesen kauft er sich meistens neue.
(i) Der Vorhang öffnet sich die Vorführung beginnt.
(j) Nachdem die Werbung angelaufen ist kommt die Servicekraft in den Saal.

Nach dem Königreich-Ansatz müsste die Lösung seitens der Schüler so aussehen, wenn der Dreischritt (Könige/Königspaare ermitteln – Königreiche unterstreichen – Kommas setzen) in jedem einzelnen Satz durchgeführt wird:

ad (a) Nach der Wahl des CDU-Politikers mit Stimmen der AfD zum Ministerpräsidenten war im politischen Betrieb nichts mehr wie zuvor.

ad (b) Nach der Wahl des CDU-Politikers | die er mit Stimmen der AfD gewonnen hat | war im politischen Betrieb nichts mehr wie zuvor.

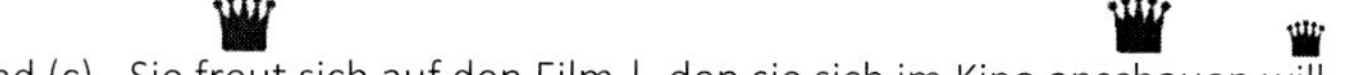

ad (c) Sie freut sich auf den Film | den sie sich im Kino anschauen will.

ad (d) Dass es noch freie Plätze gibt | ist aber noch nicht sicher.

ad (e) Sie rechnet damit | pünktlich zu sein.

ad (f) Lum kann | nachdem er „Krieg und Frieden" ausgelesen hat | nicht sofort mit einem neuen Buch beginnen.

ad (g) Lum rechnet aber damit | am Montag wieder Zeit zum Lesen zu haben.

ad (h) Hat Lum seine Bücher ausgelesen | kauft er sich meistens neue.

ad (i) Der Vorhang öffnet sich | die Vorführung beginnt.

ad (j) Nachdem die Werbung angelaufen ist | kommt die Servicekraft in den Saal.

Alle „Problemfälle" der anderen in Kapitel 2 besprochenen Ansätze können mithilfe des Königreich-Ansatzes gelöst werden – wobei satzgrammatische Analysefähigkeiten bei den Schülern durch den Unterricht vermittelt worden sein müssen. Schwierig sind lediglich Sätze, bei denen nicht eindeutig ist, ob ein an der Satzgrenze stehendes Wort zum linken oder rechten „Königreich" gehört, vgl. *Sie schafft es endlich den Keller aufzuräumen. – Sie schafft es endlich, den Keller aufzuräumen.* ist ebenso möglich wie *Sie schafft es, endlich den Keller aufzuräumen.* Dies ist jedoch keineswegs als Nachteil des Ansatzes zu werten, sondern liegt an der Ambiguität der Satzstruktur und kann durch das Modell gut begründet werden. Indem der Ansatz hier keine eindeutige Kommaposition aufzeigt, hilft er den Schülern, die kommaauslösenden Strukturen zu verstehen.

Der Königreich-Ansatz kann (mit anderer Symbolik) auch auf Oberstufenthemen ausgeweitet werden:

- So kann z. B. anhand von „Anhebungskonstruktionen" (linguistisch: Nominativus cum infinitivo- (NCI) und Accusativus cum infinitivo- (ACI) Konstruktionen) wie (k) und (l) auf deren nichtkommatierten „Sonderstatus" eingegangen werden.

  (k) Achmed scheint ganz vertieft in seinem neuen Buch über Raumfahrttechnik zu lesen.
  (l) Achmed sieht Lisa im Garten der Nachbarin heimlich Blumen pflücken.

- Satzwertige Infinitgruppen können mit der Strategie erfasst werden, da sie einen eigenen Valenzrahmen aufziehen und dadurch im Sinne des Ansatzes ebenfalls Königreiche bilden (zu einem konkreten Unterrichtsmodell vgl. Mesch 2017).
- Das Problem nicht normkonformer Kommas bei umfangreichen Vorfeldern kann mit der Königreich-Didaktik einfach gelöst werden: Wo kein Verb ist, ist auch kein Königreich – und folglich auch kein Komma.

Hintergrundinformationen

Das „Königreich"-Modell ist zwar ein weitreichendes Modell, erfasst aber von den drei Mustertypen wie die Nebensatzklassifikationsstrategie und die Signalwortstrategie nur das Satzgrenzenkomma. Dabei wird *Satz* definiert als das, „was zwischen zwei Punkten steht" (Lindauer & Sutter 2005: 28), bzw. – korrekter formuliert – zwischen initialer Majuskel und Satzschlusszeichen. Das Komma kommt dort ins Spiel, wo (Teil-)Sätze innerhalb eines Satzes auftreten, also mehrere Hauptsätze oder untergeordnete Sätze (Nebensätze). Die entsprechenden Amtlichen Regeln hierzu lauten:

§ 71 „Gleichrangige (nebengeordnete) Teilsätze, Wortgruppen oder Wörter grenzt man mit Komma voneinander ab."

§ 74 „Nebensätze grenzt man mit Komma ab; sind sie eingeschoben, so schließt man sie mit paarigem Komma ein."

Im Königreich-Modell wird die Eigenschaft deutscher Sätze ausgenutzt, vom finiten Verb ausgehend einen Valenzrahmen aufzuspannen, was bedeutet, dass das Verb mit seinen obligatorischen und fakultativen Ergänzungen als Einheit betrachtet wird. Dieser theoretische Unterbau macht seine aus sprachwissenschaftlicher und sprachdidaktischer Sicht hohe Adäquatheit aus.

2.5.3 | Vor- und Nachteile des syntaktischen Ansatzes (mit Valenzbezug)

Vorteile	Nachteile
weitreichend, da auch auf notorisch schwierige Bereiche anwendbar (satzwertige Einheiten)	grammatisches Wissen bzw. sprachliche Reflexionskompetenz erforderlich
fördert Einsichtnahme in sprachstrukturelle Zusammenhänge, die auch für das Lesen genutzt werden können	
hohes Problemlösungspotential	

Tabelle 6: Didaktische Kriterien zur Bewertung der „Königreich-Strategie"

Der in Tabelle 6 aufgeführte „Nachteil" ist nur dann als solcher zu bezeichnen, wenn die entsprechenden Grundlagen im Unterricht nicht gelegt werden (vgl. hierzu Mesch & Dammert 2015). Unter der Voraussetzung, dass es Schülern gelingt, die Vollverben und seine Ergänzungen zu bestimmen, scheint der Königreichsansatz unter den hier vorgestellten einer der effektivsten zu sein.

2.6 | Zusammenfassender und vergleichender Überblick

Wir haben im zweiten Kapitel eine Reihe von einschlägigen und innovativen Verfahren betrachtet und auf den sprachtheoretischen Prüfstand gestellt. Die entsprechenden Ergebnisse möchten wir an dieser Stelle noch einmal vergleichend gegenüberstellen. Aus didaktischer Sicht sollten die Kriterien im Unterricht insoweit Berücksichtigung finden, dass sie bei Fehlern oder Lernschwierigkeiten als mögliche Ursachen in Betracht gezogen werden.

	Sprechpausen	Semantik	Signalwörter	Satzgrenzen o. V.	Verbvalenz
weitreichend	-	-	-	+	++
kognitive Entlastung	-	-	+	--	--
Einsichtnahme in sprachstrukturelle Zusammenhänge	-	-	-	+	+
Problemlösungspotential	-	-	-	+	++
nicht anfällig für Übergeneralisierungen	--	--	-	+	+

Tabelle 7: Didaktische Kriterien zur Bewertung der einzelnen Kommasetzungstheorien („--" = trifft gar nicht zu; „- " = trifft kaum zu; „+" = trifft zu; „++" = trifft in besonderem Maße zu)

Die Analyse von Sprachbüchern zeigt allerdings auch, dass sich die meisten nicht auf einen der hier vorgestellten Ansätze festlegen, sondern in der Regel mehrere kombinieren. Vor allem die Satzgrenzentheorie und die Signalwörter werden häufig in Verbindung verwendet. Zusätzlich kommt noch immer der Hinweis auf Intonation und Sprechpausen vor.

2.7 | Übungsaufgaben zur Vertiefung des Gelesenen

2.7a Der folgende Textausschnitt stammt aus einer Fabel von Äsop. Spielen Sie die Sätze mit den in Kapitel 2 vorgestellten Vermittlungsansätzen durch, indem Sie versuchen, mit jedem von ihnen allein die Kommapositionen zu ermitteln. Notieren Sie anschließend die korrekten, fehlenden und überflüssigen Kommas in der Tabelle.

> Als die Menschen das Kamel zum ersten Male sahen erstaunten sie über die Größe des Tieres und flohen bestürzt davon. Bald merkten sie aber dass es nicht so furchtbar sei wie sie es erwartet hatten sondern dass man es leicht bändigen könne. Sie fingen es mit geringer Mühe ein und verwendeten es zu ihrem Nutzen. Ganz geduldig ließ es alles mit sich geschehen und wich jeder Gefahr aus. Nun fingen die Menschen an weil es trotz seiner Größe und Stärke sich nie widerspenstig zeigte sondern sich jede Kränkung ruhig gefallen ließ es zu verachten zäumten es auf und ließen es von ihren Kindern leiten.

	Treffer	fehlende Kommas	überflüssige Kommas
Pausen			
Signalwörter			
Satzgrenzen			
Verbvalenz (Königreiche)			

Tabelle 8: Vorlage für Übungsaufgabe A

2.7b Nehmen Sie mit der Aufnahmefunktion Ihres Smartphones eine Minute einer Nachrichtensendung im Radio oder Fernsehen auf. Schreiben Sie die nochmals abgehörte Aufnahme auf, ohne Kommas zu setzen. Hören Sie anschließend die Aufnahme noch einmal ab und setzen Sie dort Kommas, wo Sie innerhalb von Sätzen Sprechpausen wahrnehmen. Kontrollieren Sie anschließend, ob die Kommas orthographisch korrekt gesetzt sind.

Lösung:

Als die Menschen das Kamel zum ersten Male sahen, erstaunten sie über die Größe des Tieres und flohen bestürzt davon. Bald merkten sie aber, dass es nicht so furchtbar sei, wie sie es erwartet hatten, sondern dass man es leicht bändigen könne. Sie fingen es mit geringer Mühe ein und verwendeten es zu ihrem Nutzen. Ganz geduldig ließ es alles mit sich geschehen und wich jeder Gefahr aus. Nun fingen die Menschen an, weil es trotz seiner Größe und Stärke sich nie widerspenstig zeigte, sondern sich jede Kränkung ruhig gefallen ließ, es zu verachten, zäumten es auf und ließen es von ihren Kindern leiten.

3 | Gründe für eine neue, sprachreflexive, muster- und lesebasierte Kommadidaktik

Dass die traditionelle Kommadidaktik nicht die gewünschten Erfolge zeitigt, belegen alle größeren empirischen Studien (s. Kap. 0). Als mögliche Gründe können einerseits die nicht zielführenden theoretischen Fundierungen herkömmlicher didaktischer Ansätze (s. Kap. 2) in Anschlag gebracht werden und andererseits die in der Schulpraxis virulente Überzeugung, Kommakompetenz sei das Ergebnis der Anwendung erlernter, zumeist fragmentiert dargebotener Regeln und Merksätze. Demnach entsprächen die vermittelten Regeln kognitiven Repräsentationen in den Köpfen der Lernenden (vgl. Müller 2007 unter Rekurs auf Maas 1992). Dass dies nicht so ist, belegt sowohl eine Interventionsstudie (Wirksamkeitsstudie) mit 12 Klassen der achten Jahrgangsstufe in unterschiedlichen Schularten von Metz (2005) als auch eine Studie mit 1026 Schülern zum Verhältnis von implizitem (unbewusstem) und explizitem (bewusstem) Kommawissen von Müller (2007). Dennoch finden diese Regeln und Merksätze in den einschlägigen Lehrwerken nach wie vor Anwendung.

Demgegenüber beschäftigen sich aktuelle Arbeiten zur Orthographie zunehmend damit, die Regeln der Schriftsprache nicht nur aus Schreibersicht (und mithin normativ) zu betrachten, sondern ihre lesersteuernde Funktion herauszuarbeiten. Aus dieser Perspektive ist der Interpunktions- sowie der Orthographie-Erwerb insgesamt als Systemerwerb aufzufassen (s. 3.3; 6; vgl. ausführlich Bredel 2009; Bredel, Fuhrhop & Noack 2011).

3.1 | Das Komma im Leseprozess – theoretische Hintergründe

Vereinfacht gesprochen verrechnet der Leser beim Lesen auf Wort-, Satz- und Textebene kleinere Einheiten zu größeren Einheiten, was man als „**Parsing**" bezeichnet. Der Parsingprozess besteht grosso modo aus den folgenden Sprachverarbeitungsaktivitäten (nach Bredel 2011: 26; vgl. auch Christmann 2016: 28 ff.):

- **Lexikalisches Parsing**: Buchstabenfolgen werden zu Wörtern verrechnet.
- **Syntaktisches Parsing**: Wörter/Wortfolgen werden zu Phrasen/Sätzen verrechnet.
- **Textuelles Parsing**: Satzfolgen werden zu Texten verrechnet.

Die jeweiligen Teilaktivitäten werden so lange fortgeführt, bis der Leser sich durch ein Signal der Schrift auf die nächst höhere Parsingebene führen lässt:

- Ein Spatium (Leerzeichen) beendet das lexikalische Parsing – das identifizierte Wort wird an das syntaktische Parsing weitergereicht.
- Der Punkt beendet das syntaktische Parsing – der identifizierte Satz(inhalt) wird an das textuelle Parsing weitergereicht.
- Eine freie, unbeschriebene Fläche beendet schließlich das textuelle Parsing – der Leseprozess ist zu Ende.

Kommas steuern die Schriftverarbeitung auf Satzebene (syntaktisches Parsing), was wir im Folgenden genauer betrachten (vgl. Bredel 2008; 2011).

3.1.1 | Wie steuert das Komma den Leseprozess?

Als wichtigstes Wort im Parsingprozess gilt das Verb – indem es Ergänzungen (in schulgrammatischer Terminologie: Subjekt und Objekte) sowie Angaben (Adverbiale Bestimmungen) an sich bindet, bildet es einen sogenannten Valenzrahmen (s. 2.5). Wenn kompetente Leser einen Satz lesen, aktivieren sie automatisch (d.h. unbewusst) zwei Sprachverarbeitungsmechanismen, die Bredel (2016) mit den Begriffen *Strukturaufbau* und *Strukturabgleich* beschreibt:

Beim *Strukturaufbau* ordnen wir (unbewusst) dem Verb so viele Einheiten wie irgend möglich unter, was als „Prinzip der größten Stücke", „late closure" oder „maximal chunk constraint" bezeichnet wird (vgl. Christmann 2016: 28 ff.). Dieser Sprachverarbeitungsmechanismus läuft so lange, bis der Leser auf einen Punkt oder ein anderes punkthaltiges Zeichen trifft, das ihn anweist, den syntaktischen Parsingprozess zu beenden. Führt das „Prinzip der größten Stücke" zu einer ungrammatischen Konstruktion, brechen kompetente Leser ihren laufenden Strukturaufbau ebenfalls ab und versuchen, sich durch Regressionen (Blicksprünge Richtung Satzanfang) und neue syntaktische Verknüpfungen neu zu orientieren. Was damit gemeint ist, kann man in sogenannten Holzweg- oder garden-path-Sätzen wie der folgenden, absichtlich unkommatierten Konstruktion erfahren:

(1) (a) Peter hört den Schrei der Frau auf dem Bahnhof entgleitet die Tasche und die Geige aus der Hand eines berühmten Geigenbauers zerbricht. (Lohnstein 1993: 4)

Beim **Strukturaufbau** verrechnen kompetente Leser die Nominalgruppe *der Frau* aus Beispiel (a) aufgrund des automatisch ablaufenden „Prinzips der größten Stücke" als Genitivattribut (*Peter hört den Schrei der Frau*), bis sie beim Einlesen des Wortes „entgleitet" bemerken, dass ihre gerade aufgebaute Struktur ungrammatisch ist und deshalb nicht aufrechterhalten werden kann. Durch die grammatische Irritation setzt ein leserseitiger Revisionsprozess ein, der wiederum an einen ebenfalls automatisch ablaufenden Sprachverarbeitungsprozess, den **Strukturabgleich,** gebunden ist. Damit ist gemeint, dass der Leser syntaktische Informationen sprachlicher Einheiten (z. B. morphologische Merkmale wie Wortendungen oder auch die Wortstellung) auswertet und zueinander in Beziehung setzt – und dadurch auch in der Lage ist, Ungrammatikalitäten zu erkennen und durch alternative „Verrechnungsentscheidungen" aufzulösen (*Aah, die Einheit „der Frau" gehört zu einem anderen Verb, nämlich zu „entgleitet"*). Ist die Konstruktion aus Beispiel (a) indes kommatiert wie in Beispiel (a'), bleiben die beschriebenen Irritationen und Revisionen vermutlich aus.

(1) (a') Peter hört den Schrei, der Frau auf dem Bahnhof entgleitet die Tasche und die Geige aus der Hand eines berühmten Geigenbauers zerbricht.

Das Komma leitet den Leser an, das standardmäßig ablaufende Sprachverarbeitungsprinzip der „größten Stücke" zu unterbrechen – und die Einheiten links und rechts vom Komma nicht unmittelbar miteinander zu verrechnen (Bredel 2008; 2011). Im Deutschen hat der Leser genau drei Möglichkeiten, die durch das Komma getrennten Einheiten in Relation zueinander zu setzen: Koordination (Aufzählung von Wörtern, Phrasen, Sätzen), Satzsubordination (Satzgrenzenkomma bei „Nebensätzen" oder „Infinitivkonstruktionen") oder Herausstellung (s. Kap. 1., für die Lesersteuerung s. 3.1).

Aus sprachverarbeitungstheoretischer Sicht lassen sich diese drei Möglichkeiten folgendermaßen beschreiben: Entweder wird der Leser beim *Strukturaufbau* irritiert (Herausstellungskomma) oder beim *Strukturabgleich* (Koordinations- bzw. Aufzählungskomma) oder bei *beiden zugleich* (Satzgrenzenkomma) (vgl. Bredel 2016). Im Detail lassen sich die drei durch das Komma ausgelösten Sprachverarbeitungsaktivitäten folgendermaßen beschreiben (nach Bredel 2016[25]):

- Das **Herausstellungskomma** (*Wir essen jetzt, Opa!* versus *Wir essen jetzt Opa!)* hindert den Leser primär am unmittelbaren **Strukturaufbau**: Es separiert eine Einheit, die **strukturell nicht vorgesehen** ist (hier: *Opa*) und deshalb auch nicht unmittelbar mit den benachbarten Einheiten bzw. dem bereits eingelesenen Verb (hier: *essen*) grammatisch verknüpft werden darf. Der Leser muss die aus dem Satz *„Wir essen jetzt!"* herausgestellte Einheit (den Vokativ *Opa*) als isolierte syntaktische Einheit verrechnen und anschließend thematisch mit der Trägerstruktur (*Wir essen jetzt*) verknüpfen.
- Das **Aufzählungskomma** (*Er mag die grünen Wiesen, lauen Wälder, plätschernden Flüsse und die typischen Hügel des Allgäus)* markiert primär Unregelmäßigkeiten beim **Strukturabgleich**: Im unkommatierten Normalfall kann beim Strukturaufbau jede vom Verb erzeugte Leerstelle nur einmal besetzt werden (s. Kap. 1.2) – das Aufzählungskomma indes weist den Leser an, den laufenden syntaktischen Verknüpfungsprozess benachbarter Einheiten zu unterbrechen und eine Leerstelle oder **syntaktische Funktion (Satzgliedfunktion) mehrfach zu füllen** (s. den Schlitten-Vergleich zur Mehrfachbesetzung auf S. 10; vgl. Noack 2018).
- Das **Satzgrenzenkomma** zeigt an, wo der Einflussbereich (Skopus) eines Verbs endet (*Er will, sie nicht.* vs. *Er will sie nicht.* oder *Lisa denkt, ihre Mutter ist in Tom verliebt.* vs. *Lisa, denkt ihre Mutter, ist in Tom verliebt.*) – aus sprachverarbeitungstheoretischer Sicht blockiert das Satzgrenzenkomma vorübergehend sowohl den Strukturaufbau als auch den Strukturabgleich des Lesers. Jedoch wissen erfahrene Leser, dass die dem Komma nachfolgenden Einheiten einem neuen Verb zuzuordnen sind (vgl. zur Notwendigkeit der Leseerfahrung für den Erwerb von Kommakompetenz Kap. 3.2; 3.3).

Dem aufmerksamen Leser wird vermutlich aufgefallen sein, dass man in dem Moment, in dem man auf ein Komma trifft, noch gar nicht entscheiden kann, um welche Konstruktion (Aufzählung, Herausstellung oder Satzgrenze) es sich handelt. Denn dies ist grundsätzlich erst dann

25 Vgl. auch Bredel (2011: 68), die Begriffe werden hier aber nahezu konträr zu Bredel (2016) beschrieben, wir folgen aus Plausibilitätsgründen der Darstellung in Bredel 2016: 17.

möglich, wenn man die Einheiten nach dem Komma mit den Einheiten vor dem Komma in Beziehung setzt, wie das folgende Beispiel aus Esslinger (2014: 105) illustriert:

(1) (b) Damals dachten die Eltern, das Kind schläft in seinem Zimmer. (Satzgrenze)
(b') Damals dachten die Eltern, das Kind und die Nachbarn an den Verstorbenen. (Aufzählung)

Dass erst die Einheiten, die HINTER einem Element (hier: dem Komma) stehen, klären, auf welche Weise das Element selbst (also das Komma) verarbeitet werden muss, ist im Leseprozess nichts Ungewöhnliches und zeigt sich nicht nur auf Satz-, sondern auch auf Wortebene: Beispielsweise wird bei den Wörtern *lassen, lasen, landen* immer erst nach dem <a> klar, ob man dieses gespannt (lang) oder ungespannt (kurz) aussprechen muss: <*la ssen*>, <*la sen*>, <*la nden*> (vgl. ebd.; vgl. auch Noack 2011; Fuhrhop & Schreiber 2016). Aus diesem Grund ist, um gut und effektiv lesen zu können, eine weite Blickspanne notwendig (vgl. Günther 1988). Da aber beim Komma – anders als beim Punkt – die formalen Möglichkeiten der dem Komma nachfolgenden Konstruktionen beschränkt sind (entweder Aufzählung oder Herausstellung oder Satzgrenze), verursacht es nicht nur „bottom-up" eine syntaktische Inhibition (vorübergehende Blockade), sondern löst gleichzeitig (bei kompetenten Lesern) „top-down" eine syntaktische Antizipation aus, also eine Erwartung über den weiteren strukturellen Satzverlauf. Denn kompetente Leser haben im Verlauf ihrer Lesesozialisation durch Analogiebildungsprozesse kognitive syntaktische Muster (abstrakte Strukturschemata) ausgebildet, die beim Lesen gleicher Strukturen aktiviert werden (s. 3.3; vgl. Funke 2005). Eines dieser Muster ist, dass in kommatierten Strukturen häufig zwei Verben vorkommen. Treffen kompetente Leser auf ein Komma wie in den Beispielen (2 a) und (2 c), erwarten sie eine verbhaltige Konstruktion – andernfalls nicht (2 b).

(2) (a) Karl findet, das ...
(b) Karl findet das ...
(a') Karl findet, das Buch ist absolut spannend.
(b') Karl findet das Buch einfach nicht.

Wenn geübte Leser auf das folgende Satzfragment treffen

(2) (c) Peter sieht zum ersten Mal einen Jungen, der ...

dann interpretieren sie das Wort *der* bereits ohne Kenntnis der nachfolgenden Einheiten sehr wahrscheinlich als Relativpronomen (auch wenn andere Strukturen theoretisch denkbar sind), da sie einerseits noch ein Verb erwarten und andererseits bei Nominalgruppen mit unbestimmtem Artikel (*einen Jungen*) restriktive Relativsätze recht typisch sind:

(2) (c') Peter sieht zum ersten Mal einen Jungen, der im Rollstuhl sitzt.

Die Interpretation von <der> als Teil eines Genitivattributs wie in (c'')

(2) (c'') Peter sieht zum ersten Mal einen Jungen der gegnerischen Mannschaft.

wird durch ein Komma frühzeitig ausgeschlossen:

(2) (c''') *Peter sieht zum ersten Mal einen Jungen, der gegnerischen Mannschaft.
(Beispiele (1-2) aus Esslinger 2018b: 128)

Die bis hierher erläuterte, spezifische lesersteuernde Funktion des Kommas lässt sich in Gänze allerdings nur im Vergleich zu anderen syntaktischen Interpunktionszeichen verstehen, also im Kontrast zu Semikolon (Strichpunkt), Doppelpunkt und Punkt (vgl. Bredel 2008; 2011).

3.1.2 | Das Komma im funktionalen Vergleich mit seinen syntaktischen Verwandten

Dass das Komma in drei unterschiedlichen syntaktischen Konstruktionen stehen kann (Aufzählung, Satzgrenze, Herausstellung), liegt daran, dass es sowohl für lexikalische (inhaltliche) als auch für syntaktische (phrasenstrukturelle) Informationen seiner Vorgängereinheiten durchlässig ist. Bei den punkthaltigen Zeichen (Semikolon, Doppelpunkt, Punkt) ist dies nicht der Fall: Sie filtern je eine der Möglichkeiten in verstärkender Weise heraus (vgl. Bredel 2008; 2011; 2016):

Das Semikolon ist für syntaktische, jedoch nicht für lexikalische Informationen der Vorgängereinheiten durchlässig (vgl. Bredel 2008), wie an folgendem Beispiel deutlich wird:

(1) (a) Peter trägt gerne rote Socken, Hüte und Hemden.
(b) Peter trägt gerne rote Socken; Hüte und Hemden.

Während in Beispiel (1 a) sowohl die Socken als auch die Hüte und Hemden rot sein könnten, ist diese Lesart in (b) ausgeschlossen.

Der Doppelpunkt ist – vice versa zum Semikolon – für lexikalische, aber nicht für syntaktische Informationen durchlässig. Dies wird (selbst bei Missachtung der normkonformen Großschreibung nach dem Doppelpunkt) an den verbal identischen Sätzen (2 a) und (b) deutlich, deren Bedeutungsunterschied nur durch die syntaktische Undurchlässigkeit des Doppelpunktes hervorgerufen wird:

(2) (a) DIE BEGRÜNDUNG, DASS ER NICHT UNTERSCHREIBEN KÖNNE, SEI DEN FANS UNVERSTÄNDLICH GEWESEN.
(b) DIE BEGRÜNDUNG: DASS ER NICHT UNTERSCHREIBEN KÖNNE, SEI DEN FANS UNVERSTÄNDLICH GEWESEN. (entnommen aus Bredel 2008: 198)

Bei orthographisch korrekter Verschriftung in Gemischtantiqua wird die syntaktische Selbstständigkeit der Doppelpunktexpansion (die Konstruktion rechts vom Doppelpunkt) durch die Großschreibung verdeutlicht.

(2) (c) Die Begründung: Dass er nicht unterschreiben könne, sei den Fans unverständlich gewesen.

Die allgemein anerkannte Ankündigungsfunktion des Doppelpunktes resultiert also aus seiner Eigenschaft, syntaktisch selbstständige Strukturen einzuleiten, die für eine sinnvolle Interpretation thematisch mit den Einheiten vor dem Doppelpunkt (Doppelpunktkonstruktion) verbunden sein müssen (vgl. Bredel 2008). Zwar kommen auch syntaktisch nicht selbstständige Einheiten vor, sie sind aber aufgrund ihrer elliptischen Struktur marginal (*Das Wetter morgen: sonnig und warm*).

Der Punkt ist weder für lexikalische noch für syntaktische Informationen durchlässig – er beendet das syntaktische *Parsing* (kognitiver Strukturaufbau) des Lesers und lässt keine Aussagen über den weiteren strukturellen Verlauf eines Textes zu. Nehmen wir die obige Konstruktion und setzen an die Stelle von Doppelpunkt oder Komma einen Punkt, erhalten wir wegen der völligen lexikalischen und syntaktischen Blockade des Punktes selbst bei durchgängiger Großschreibung einen ungrammatischen Satz:

(3) (a) DIE BEGRÜNDUNG, DASS ER NICHT UNTERSCHREIBEN KÖNNE, SEI DEN FANS UNVERSTÄNDLICH GEWESEN.
(b) DIE BEGRÜNDUNG: DASS ER NICHT UNTERSCHREIBEN KÖNNE, SEI DEN FANS UNVERSTÄNDLICH GEWESEN.
(c) *DIE BEGRÜNDUNG. DASS ER NICHT UNTERSCHREIBEN KÖNNE, SEI DEN FANS UNVERSTÄNDLICH GEWESEN.

3.2 | Empirische Befunde: Rezeptive Kommakompetenz

Schaut man in die nationalen Bildungsstandards oder in die Kernlehrpläne einzelner Länder, so wird die Kommasetzung ausschließlich mit Blick auf das Schreiben erwähnt – im Kompetenzbereich *Lesen* taucht sie nicht auf (vgl. Esslinger 2015b). Hinsichtlich der Fähigkeit zur rezeptiven Kommaauswertung besteht in der aktuellen Schulpraxis ein doppeltes Vakuum, das sich sowohl in der „Leserignoranz" einer schreiberorientierten Kommadidaktik als auch in der „Komma- bzw. Interpunktionsignoranz" einer konstruktionsorientierten Lesedidaktik zeigt (Esslinger 2016b). Daraus ist zu schließen, dass man allgemein annimmt, dass Lernende die Fähigkeit, Kommas beim Lesen auszuwerten (rezeptive Kommakompetenz) im weiterführenden Leseerwerb schon von selbst erwerben – und dafür keine spezifischen Lernangebote benötigen. Wie jedoch eine empirische Studie mit Schülern der 8. Klassenstufe belegt, ist diese Annahme falsch (vgl. Esslinger 2014): Es hat sich gezeigt, dass – durch alle Schularten hindurch – keineswegs alle Lernenden über die Fähigkeit verfügen, Kommas beim Lesen zur Sinnkonstruktion zu nutzen. Da das Konstrukt der rezeptiven Kommakompetenz für die in diesem Band vorgestellten Aufgabentypen und den zugrundeliegenden didaktischen Ansatz zentral ist, werden wir hier kurz den Aufbau der Studie skizzieren sowie einige der für die Kommadidaktik wichtigen Ergebnisse überblicksartig referieren. Eine Zusammenfassung der Studie findet sich in Esslinger (2019).

Will man auf einfache Weise herausfinden, ob Leser über rezeptive Kommakompetenz verfügen, benötigt man ein Aufgabenformat, das die leserseitige Sinnkonstruktion an das Komma bindet. Hierfür eignen sich sogenannte Minimalsatzpaare, wie wir sie schon in den vorangegangenen Kapiteln kennengelernt haben. (Minimalpaare sind verbal identische Konstruktionen, die sich nur durch die (Nicht-)Existenz oder durch die unterschiedliche Position eines Kommas unterscheiden.)

Die im Folgenden skizzierten Aufgaben aus dem Testformat *RIKo* (das Akronym steht für **R**ezeptive **I**nterpunktions**Ko**mpetenz; vgl. Esslinger 2014: 3) fußen auf kommasensiblen Minimaltripeln und ermöglichen es dadurch, die leserseitige Verarbeitung von Interpunktionszeichen zu messen – ohne den Einfluss anderer lexikalischer oder syntaktischer Informationen, wie sie beim alltäglichen Textlesen vorkommen.

Testformat und -durchführung von *RIKo*

RIKo ist ein von Esslinger entwickeltes Diagnoseinstrument bzw. Aufgabenformat, mit dem sich erheben lässt, inwiefern es Lernenden gelingt, die syntaktischen Interpunktionszeichen beim leisen Lesen für die Sinnkonstruktion zu nutzen. Der Test wurde mit insgesamt 174 Schülern der achten Klassenstufe in unterschiedlichen Schularten (Realschule, Realschule plus, Gymnasium) durchgeführt (vgl. Esslinger 2014). Zusätzlich absolvierten die Versuchsteilnehmer (künftig als VTN bezeichnet) u. a. den standardisierten Lese- und Geschwindigkeitstest *LGVT 6-12* (Schneider, Schlagmüller & Ennemoser 2007). *RIKo* besteht aus 35 komplexen Aufgaben zu allen syntaktischen Interpunktionszeichen (also Komma, Punkt, Semikolon und Doppelpunkt). Die 20 Komma-Aufgaben, die in RIko angeboten werden, decken die in Kapitel 1 vorgestellten drei Kommastrukturen des Deutschen ab:

- Komma in Aufzählungen,
- Komma bei Satzgrenzen,
- Komma in Herausstellungsstrukturen.

Jede *RIKo*-Aufgabe (s. u.) besteht aus einer kontextualisierenden „Minigeschichte" (Prätext) und drei verbal identischen Aussagen (Items), die sich nur dadurch unterscheiden, dass ein identisches Interpunktionszeichen (Punkt, Semikolon, Doppelpunkt oder Komma) an unterschiedlichen Positionen steht. Nahezu alle *RIKo*-Aufgaben enthalten zwei strukturerhaltende, also grammatikalisch korrekt kommatierte Items (Antwortmöglichkeiten), wovon nur ein Item inhaltlich zum gegebenen Kontext passt. Das dritte Item ist strukturzerstörend (grammatisch falsch) kommatiert und ergibt keinen Sinn. Darüber hinaus wurden die Aufgaben via Computerpräsentation in zwei Verarbeitungsmodi angeboten – dem unmittelbaren **Prima-Vista-Modus**, in dem die Antwortmöglichkeiten isoliert auf ihre Passung beurteilt werden mussten – und dem **Secunda-Vista-Modus**, der alle Antwortmöglichkeiten im Überblick (wie bei der populären Fernsehsendung „Wer wird Millionär") anbietet.

Zur Illustration seien hier exemplarisch einige Screenshots der originalen *RIKo*-Aufgaben im sogenannten *Secunda-Vista-Modus* präsentiert, in dem alle Antwortmöglichkeiten in einem kontrastiven Überblick erscheinen.

Komma: **Koordinative Satzverknüpfung** (Aufzählung von Sätzen/Satzgrenze)

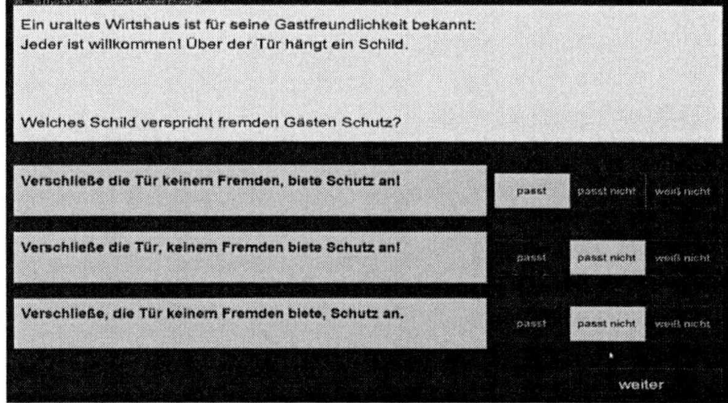

Abbildung 1: Komma-Aufgabe im *Secunda-Vista-Modus* aus *RIKo* (Esslinger 2014: 127)

Komma: **Subordinative Satzverknüpfung** (Infinitivkonstruktion/Satzgrenze)

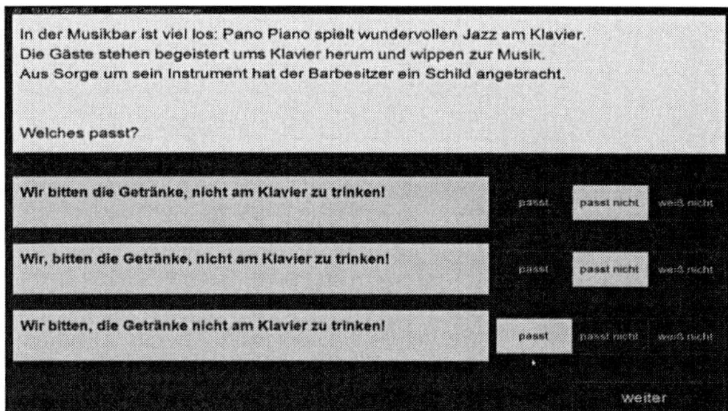

Abbildung 2: Komma-Aufgabe im *Secunda-Vista-Modus* aus *RIKo* (vgl. ebd.: 52)

Komma: **Herausstellung** (Eingeschobener Satz/Satzgrenze)

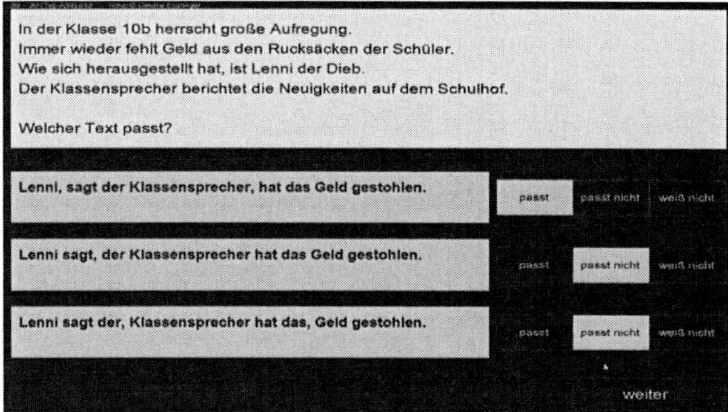

Abbildung 3: Komma-Aufgabe im *Secunda-Vista-Modus* aus *RIKo* (ebd.: 128)

Der kurze Kontext (Prätext), der stets den inhaltlichen Bezugspunkt einer Aufgabe bildet, blieb während der gesamten Bearbeitungszeit für die VTN sichtbar. Um sprachliche Verständnisschwierigkeiten zu minimieren und um die Bedingungen der Testbearbeitung vergleichbar zu halten, wurde der Prätext zu Beginn jeder Aufgabe von der Versuchsleitung vorgelesen. Anschließend wurde nacheinander je eine von drei Antwortmöglichkeiten auf dem Bildschirm eingeblendet *(Prima-Vista-Modus)*. Bei jeder der isoliert angebotenen Antwortmöglichkeiten mussten die VTN unmittelbar und ohne Korrekturmöglichkeit per Mausklick entscheiden, ob die Aussage zum gegebenen Prätext passt oder nicht (vgl. Esslinger 2014: 54 ff.). Wurde die letzte Aussage im *Prima-Vista-Modus* beurteilt, erschienen alle Aussagen im *Secunda-Vista-Modus* (kontrastiven Überblick) – dieser ermöglichte es den VTN, alle Antwortmöglichkeiten zu vergleichen und gegebenenfalls falsche Erstentscheidungen zu korrigieren.

Im Folgenden seien einige Befunde der Studie skizziert, die uns wichtige diagnostische Hinweise für die Entwicklung neuer, lernförderlicher Kommaaufgaben geben (s. Kap. 4)

- **Kommakompetenz ist nicht nur eine produktive, sondern auch eine rezeptive Kompetenz:**
  Die Fähigkeit, Kommas beim Lesen auszuwerten, hängt stark von der allgemeinen Lesekompetenz (gemessen mit dem „LGVT“ ab) – rezeptive Kommakompetenz ist also eine Teilkompetenz allgemeiner Lesefähigkeit, die erworben werden muss.
- **Kontrastive Aufgabenformate sind hilfreich:**
  - Im kontrastiven Aufgabenformat konnten die Schüler wesentlich mehr Aufgaben korrekt lösen als im unmittelbaren *Prima-Vista-Format*, das keine strukturellen Vergleiche zulässt. Doch es profitierten nicht alle Leser in gleicher Weise:
  - Die besten Leser waren bereits im *Prima-Vista-Modus* erfolgreich und benötigten die Gegenüberstellung gar nicht mehr zur Lösungsfindung,
  - Leser im Mittelfeld, auch die schwächeren, konnten falsche Erstentscheidungen erfolgreich im kontrastiven *Secunda-Vista-Modus* korrigieren.
  - Die schwächsten Leser waren weder im *Prima-Vista-*, noch im *Secunda-Vista-Modus* erfolgreich. Doch obwohl sie das Komma (noch) nicht zur Sinnkonstruktion nutzen konnten, reagierten sie sensibel auf grammatisch falsch gesetzte Kommas und identifizierten diese zielsicher als „nicht passend“ (was ihnen bei den inhaltlich nicht passenden Kommas nicht gelang).
- **Nicht alle Kommas sind gleich schwer zu lesen**
  - Kommas in koordinativen Strukturen (Aufzählungen) wurden von den VTN häufiger korrekt verarbeitet als Kommas in subordinativen Strukturen (wie z. B. erweiterten Infinitiven).
  - Am schwierigsten erwiesen sich Kommas in unterschiedlichen Herausstellungskonstruktionen: Appositionen *(Max ist in die Brieffreundin seiner Schwester, Yvonne, verliebt)* wurden mit Abstand am seltensten korrekt erlesen – gefolgt von eingeschobenen Matrixsätzen *(Anna, vermutet ihre Mutter, ist in Tom verliebt)*, Vokativen (*Tante Erna kommt mit, Paul.*) und Parenthesen (*Leon läuft auf den Händen, eine Flasche balancierend, über den Boden*) (vgl. Esslinger 2014: 69).

Wie lassen sich diese Befunde erklären? Dass das Aufzählungskomma einfacher zu verarbeiten ist als das Komma in subordinativen Strukturen, könnte daran liegen, dass es eine phrasale

(satzstrukturelle) Kopie der bereits eingelesenen Struktur indiziert (Bredel 2008) – mit anderen Worten: Bei einer Mehrfachbesetzung einer Satzgliedfunktion (s. 1.1) weiß der Leser – eine ausreichend große Blickspanne vorausgesetzt – was phrasenstrukturell auf ihn zukommt. Das schlechte Ergebnis bei den Herausstellungsstrukturen war insofern zu erwarten, als Herausstellungen – erstens – den leserseitigen syntaktischen Phrasenaufbau temporär unterbrechen und das Arbeitsgedächtnis stark belasten. Zweitens kommen Herausstellungsstrukturen im Lesealltag eher selten vor. Gemäß der *usage-based theory* (s. Kap. 3.3) ist jedoch die Kontakthäufigkeit mit sprachlichen Strukturen ein entscheidendes Kriterium für ihren Erwerb. Darüber hinaus hat eine detaillierte Analyse der in *RIKo* gezeigten Appositionsstrukturen noch einen weiteren Grund für die schülerseitigen Leseschwierigkeiten zu Tage gefördert, worauf der folgende Abschnitt eingeht.

Wenn vor *und* ein Komma steht – und im Unterricht das Gegenteil gelernt wird ...[26]

In RIKo wurden unterschiedliche appositive Strukturen „Nachträge" angeboten – wahlweise mit der Koordination *und* (Abbildung 4) oder ohne *und* (Abbildung 5).

Abbildung 4: Aufgabe mit Apposition und nachfolgender Konjunktion *und* aus *RIKo* (vgl. Esslinger 2014: 53)

Nur fünf Prozent aller VTN lösten diese Aufgabe (Abbildung 4) im *Prima-Vista-Modus* korrekt; im *Secunda-Vista-Modus* war nur ein Drittel der Schüler in der Lage, das erste Item als passend zu ermitteln. Obwohl auf dem Bild drei namentlich benannte Personen (*Laura, Nele, Tobi*) zu sehen sind und das zweite Item eindeutig vier Personen benennt, wurde es von vielen gewählt.

[26] Teile dieses Abschnitts sind aus Esslinger 2019 übernommen.

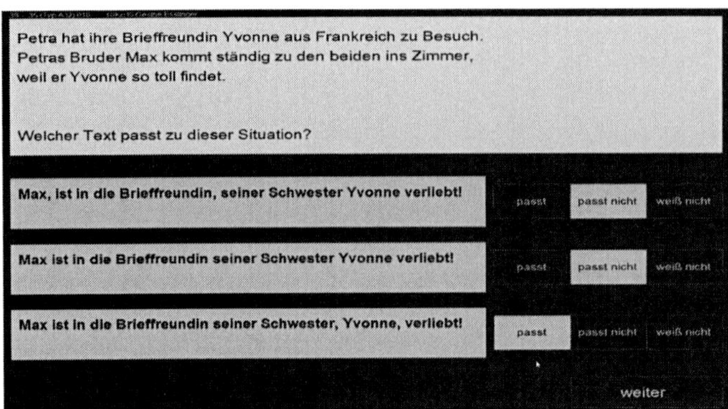

Abbildung 5: Aufgabe mit Apposition ohne nachfolgende Konjunktion *und* aus *RIKo* (vgl. ebd.)

Diese Aufgabe (Abb. 5) wurde im *Prima-Vista-Modus* von rund vier Mal so vielen VTN (knapp 23 Prozent) korrekt gelöst wie die Aufgabe in Abbildung (4). Auch im *Secunda-Vista-Modus* lag der Prozentsatz erfolgreicher Leser bei der „Brieffreundin-Aufgabe“ etwas höher als bei der „Seil-Aufgabe“ (vgl. Esslinger 2016a: 153).

Wie lassen sich diese Befunde erklären? Vermutlich folgten die VTN beim Beantworten der „Seil-Aufgabe“ (Abb. 4) im *Prima-Vista-Modus* reflexartig der in der Schule gelernten Regel „vor *und* steht kein Komma“. Im *Secunda-Vista-Modus* entdeckten vermutlich etliche VTN die fehlende Übereinstimmung ihrer Antwort mit der auf dem Bild gezeigten Personenzahl und korrigierten daraufhin ihre Erstentscheidung – für viele scheint jedoch der Konflikt zwischen der schulisch vermittelten Regel und dem eigenen Sprachgefühl zu groß gewesen zu sein, um diesen Schritt zu wagen. Informelle Befragungen von Lehramts-Studierenden, denen dieselben Aufgaben vorgelegt wurden, bestätigen diese Annahme. Auch sie hielten die häufig bereits in der Grundschule vermittelte Regel „Vor *und* steht kein Komma“ für eine unumstößliche Wahrheit – und staunten fühlbar, als sie entdeckten, dass dieses Diktum ausschließlich auf einfache koordinative Strukturen (Aufzählungen) zutrifft.

Darüber hinaus verdeutlichen zwei weitere *RIKo*-Aufgaben, die jeweils eine Verkettung von Satzsubordination und Satzkoordination präsentieren (s. Abb. 6 und 7) Folgendes: Ein Komma vor *und* wird beim Lesen eher akzeptiert und erfolgreich verarbeitet, wenn dem Komma ein verhältnismäßig langer Teilsatz vorausgeht wie in Abbildung (6).

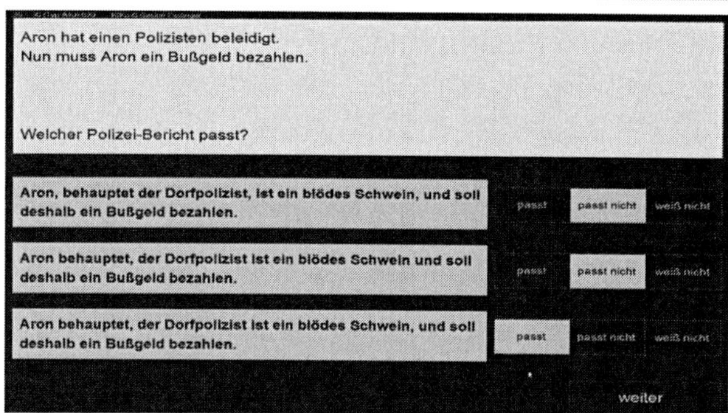

Abbildung 6: Hybrider Aufgabentyp mit einer Verbindung aus Satzsubordination und -koordination (und langem, dem Komma vorangehenden Teilsatz) aus *RIKo* (vgl. Esslinger 2014)

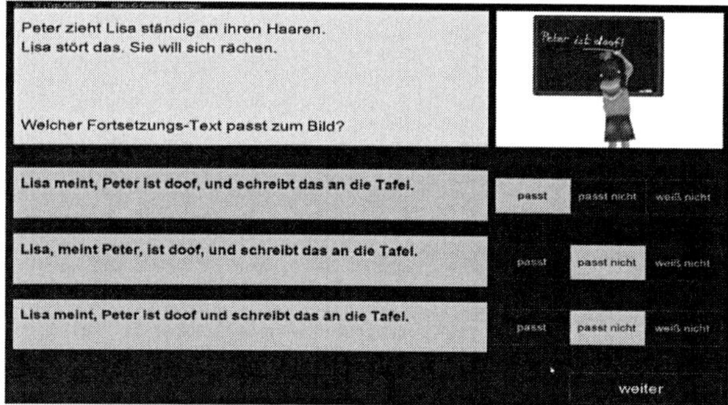

Abbildung 7: Hybrider Aufgabentyp mit einer Verbindung aus Satzsubordination und -koordination (und kurzem, dem Komma vorangehenden Teilsatz) aus *RIKo* (vgl. Esslinger 2014)

Obwohl die Aufgaben in Abbildung (6) und (7) strukturell gleich aufgebaut sind, waren die VTN in Aufgabe (6) erfolgreicher: So wurde die Aaron-Aufgabe (6) im *Prima-Vista-Modus* von 20 Prozent der VTN und im *Secunda-Vista-Modus* von 35 Prozent korrekt gelöst, wohingegen nur 13 Prozent der VTN die Lisa-Aufgabe (7) im *Prima-Vista-Modus* erfolgreich bearbeiteten – im *Sekunda-Vista-Modus* waren es sogar nur 12 Prozent. (Dieses Ergebnis ist insofern bezeichnend, als in allen anderen *Riko-Aufgaben* die Ergebnisse im *Secunda-Vista-Modus* besser ausfielen als im *Prima-Vista-Modus*).

Dieser Befund lässt sich folgendermaßen interpretieren: In beiden Aufgaben konfligieren die von den Lesern aktivierten, kognitiven syntaktischen Muster (also ihr Sprachgefühl) mit einer in der Schule gelernten und von den VTN verinnerlichten Regel („vor *und* steht kein Komma"), woraufhin die VTN in Ermangelung anderer Kriterien die Satzlänge zur Referenzgröße ihres Urteils machen – gemäß dem Gedankengang „Bei einem langen Satz muss man beim Mitsprechen Luft holen, also muss da auch ein Komma stehen". Ein solches, an Quantitäten ausgerichtetes Längenurteil kann – wie in Abbildung (6) – im Deutschen jedoch nur nach dem Zufallsprinzip zur korrekten Lösung führen (s. ausführlich 2.1).

3.3 | Zum Erwerb syntaktischer Muster durch Analogie- und Hypothesenbildung

Wie wir in Kapitel 2 ausführlich dargestellt haben, gelangen seit rund einem halben Jahrhundert auf der Grundlage unterschiedlicher Normierungsvorgaben und Interpunktionstheorien diverse didaktische Ansätze in die Schulen, die den Schülern zur Beantwortung der sich beim Schreiben stellenden Frage „Komma ja oder nein?" unterschiedliche Strategien an die Hand geben (z. B. Pausen-, Signalwort- oder Nebensatzstrategie). Diese Strategien erschweren es Lernenden allerdings – oder machen es gar unmöglich –, die vergleichsweise einfache Systematik der Kommasetzung im Deutschen (s. Kap. 1) zu entdecken. Vor diesem Hintergrund verwundern die in Kapitel 0 skizzierten schlechten Schülerleistungen nur wenig. Das bedeutet im Umkehrschluss: Diejenigen Schreiber, die die Kommasetzung beherrschen, haben sie *trotz* der im Unterricht vermittelten Regeln und mithin *am Unterricht vorbei*, also in ungesteuerter Weise *erworben* (und nicht aufgrund der im Unterricht vermittelten Regeln in gesteuerter Weise *erlernt*). Diese Annahme wird durch die ebenfalls in Kapitel 0 erwähnten Befunde von kommakompetenten Grundschulkindern gestützt, die die Kommasetzung eigenaktiv und ohne unterrichtliche Instruktion erworben haben. Auch Eichler und Küttel gehen beim Erwerb der Zeichensetzung von inneren Regelbildungsprozessen aus, „die über Analogien, Assoziationen und Schlussfolgerungen" (Eichler & Küttel 1993: 38) und relativ unabhängig von orthographischen Regeln gewonnen werden. Dennoch möchten wird diese Art von ungesteuertem Erwerb der Kommasetzung nicht als „natürlich" bezeichnen, da er eben nur in einem schriftkulturellen Kontext stattfinden kann. Es liegt allerdings in der Natur aller Menschen, aufgrund allgemeiner kognitiver Fähigkeiten Hypothesen zu bilden und – durch Abstraktion von Ähnlichem – Muster zu bilden und auf diese Weise die „Welt" zu ordnen. Mit diesen (unbewusst ablaufenden) kognitiven Mechanismen wird es Kindern grundsätzlich möglich, Regelmäßigkeiten zu erkennen und systematische Zusammenhänge zu erschließen. Gemäß der in der kognitiven Linguistik prominenten *usage-based theory* kann jeglicher Sprach- und auch Schriftspracherwerb als „gebrauchsbasierter Mustererwerbsprozess" beschrieben werden (vgl. Pracht 2010). Notwendige Voraussetzung für diesen Prozess ist, dass Lernende die sprachlichen Muster perzeptuell (also sinnlich) wahrnehmen können. In Bezug auf das Komma kann dies nur über das Lesen geschehen, da in der gesprochenen Sprache keine Kommas (und auch sonst keine orthographischen Markierungen) vorkommen. Mit anderen Worten: Da die Interpunktion ein Teilsystem der insgesamt lesersteuernden Orthographie darstellt (vgl. Fuhrhop & Schreiber 2016; Noack 2010; Noack 2011), gleicht ein gelingender Kommaerwerb stets einem Systemerwerb (vgl. Bredel 2009), der sich als kognitiver Mustererwerbsprozess beschreiben lässt. Diese rezeptiv erworbenen Muster scheinen auch die Kommaproduktion beim Schreiben zu steuern, denn wie empirische Studien gezeigt haben, hängt die Fähigkeit, Kommas beim Schreiben eigener Texte korrekt zu setzen, mit der Fähigkeit zusammen, sie beim Lesen effektiv zu verarbeiten (Steinhauer & Friederici 2001) – wobei die rezeptive Kommakompetenz der produktiven vorauszugehen scheint (Esslinger 2016a). Doch wie soll man sich diesen Prozess des „Mustererwerbs" im Detail vorstellen?

Aus Forschungen der kognitiven Linguistik und der Sprachdidaktik wissen wir, dass kompetente Leser über sogenannte Strukturierungsroutinen verfügen; darunter versteht man gedankliche Repräsentationen syntaktischer Strukturen, die beim Lesen automatisch (also ohne bewusstes Zutun) in dem Moment aktiv werden, indem der Leser auf eben solche Strukturen (Satzmuster, s. Kap. 1) im Text trifft (vgl. Funke 2005). Funke beschreibt diese Strukturierungsroutinen als prozessuale (dynamische) kognitive syntaktische Muster, die datengetrieben (also im Leseprozess und nicht unabhängig davon) wie von selbst ablaufen, es handelt sich also um „syntaktisches Wissen in Funktion“ (Funke 2005: 76). Die Crux ist nur: Sprachliche Strukturen sind abstrakte Einheiten, weshalb sie optisch nicht durch bloßes Hinschauen erfasst werden können; sie müssen vom Leser aktiv anhand des optisch sichtbaren „Wortmaterials“ (re)konstruiert werden, das heißt: Sprachliche Strukturen existieren nur für denjenigen, der sie wahrnehmen und kognitiv verarbeiten kann (vgl. Funke 2005: 129). Strukturen zu erfassen, bedeutet zu erkennen, dass einzelne Elemente nicht willkürlich aufeinander folgen, sondern in systematischer (und dadurch erkennbarer) Weise zusammenhängen, dass sie sich gegenseitig beeinflussen und dadurch größere Einheiten bilden, die hierarchisch organisiert sind: So sind beispielsweise kompetente Leser in der Lage, aus Buchstaben Silben und Wortbausteine (Morpheme) zu bilden sowie aus Silben und Morphemen Wörter zu konstruieren, aus Wörtern Wortgruppen, aus Wortgruppen Sätze und schließlich aus Sätzen Texte. Oder, wie Funke es in Bezug auf die Syntax ausdrückt: Sprachliche Einheiten haben

> „ihre syntaktischen Eigenschaften nicht einfach in sich [...], sondern [gewinnen sie] in kognitiven Prozessen [...], welche ihren Gebrauch begleiten.“ (Funke 2005: 124)

Nun stellt sich für die Kommadidaktik die entscheidende Frage: Welche Bedingungsfaktoren müssen gegeben sein, um die für eine erfolgreiche Kommarezeption bzw. für einen effektiven Leseprozess notwendigen syntaktischen Muster aufzubauen, bevor sie als aktive Strukturierungsroutinen beim Lesen automatisch ablaufen und beim Schreiben – im günstigsten Fall – ebenfalls automatisch aktiviert werden?

Vertreter der *usage-based theory* (der wir hier folgen) nehmen an, dass der Erwerb kognitiver sprachlicher Muster mit dem Erkennen struktureller (also abstrakter) Ähnlichkeiten einhergeht (vgl. Langacker 2008). Als zentrale Bedingungsfaktoren für das Erkennen struktureller Ähnlichkeiten sowie für die Etablierung kognitiver syntaktischer Muster gelten die Vorkommenshäufigkeit und die perzeptuelle Zugänglichkeit, d.h. eine Wahrnehmbarkeit bestimmter Oberflächenformen und -muster im sprachlichen Input (vgl. Pracht 2010). An dieser Stelle wird der besondere Wert der Kommas für den Leseprozess evident: Denn syntaktische Interpunktionszeichen (s. 3.1.2) stellen an der Textoberfläche sichtbare und mithin perzeptuell wahrnehmbare Hinweise auf zugrundeliegende abstrakte/grammatische Strukturen dar, womit sie das Erkennen struktureller Ähnlichkeiten (also syntaktischer Muster) erleichtern. Doch auch die Fähigkeit, strukturelle Ähnlichkeiten wahrnehmen bzw. konstruieren zu können, setzt eine weitere komplexe Fähigkeit voraus, nämlich die Fähigkeit zu **abstrakten Analogiebildungsprozessen:**

> „Dabei handelt es sich um einen Prozess des Zueinander-in-Beziehung-Setzens, der relevante Ähnlichkeiten und Differenzen in den Blick kommen lässt.“ (Pracht 2010: 30)

Analogiebildung ist kein analytisches (zergliederndes), sondern ein vergleichendes, hypothesenbildendes Verfahren. Die Ausgangspunkte von Analogiebildungsprozessen sind „Ganzheiten oder Einzelbestandteile, die unter Ähnlichkeitsgesichtspunkten gruppiert werden“ (Bredel 2013: 173).

Dass der kindliche Analogiebildungsprozess durch das unterrichtliche Angebot (mit)beeinflusst wird, was unter ungünstigen Bedingungen zu falschen Analogieschlüssen führen kann, zeigen nicht nur die Beispiele in Kap. 2, sondern auch der folgende, frei geschriebene Text einer Erstklässlerin, die in ihren Fibeltexten entdeckt hat, dass der Punkt immer am Zeilenende steht (was gemeinhin als Lesehilfe angesehen wird; vgl. Mesch 2016a).

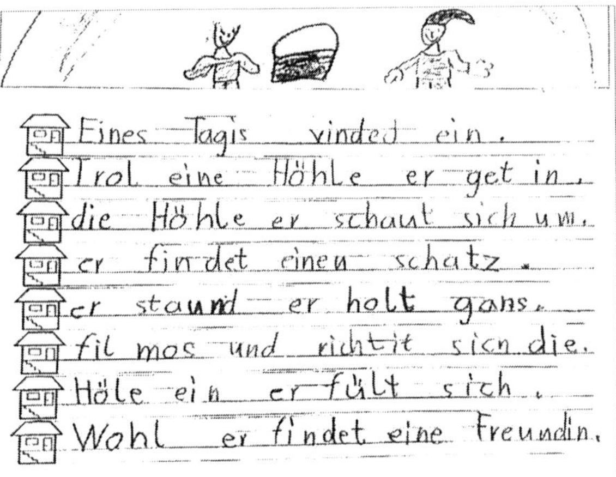

Abbildung 8: Freier Text von Hannah, Ende der ersten Klasse (aus Esslinger 2017: 157)

Hannahs Text (Abb. 8) belegt, dass sie in ihren Fibeltexten zwar oberflächennahe Ähnlichkeiten entdeckt hat, diese aber nicht mit den zugrundeliegenden syntaktischen Strukturen in Verbindung bringt, sondern die Hypothese bildet, Punkte seien typographische Zeichen, die genuin das Zeilenende markieren.

Dieser Befund harmoniert mit internationalen Forschungsergebnissen zu unterschiedlichen Qualitäten grammatischen Wissens (s. 4.1): Ein Teil der Versuchsteilnehmer unterschiedlicher Klassenstufen schien die ihnen gestellten grammatiksensiblen Aufgaben „weniger aufgrund strukturbezogener Überlegungen als aufgrund oberflächlicher Analogien" (Funke 2014: 432) zu lösen und nicht selten „oberflächliche Heuristiken zu befolgen [...], statt das jeweils eigentlich kritische syntaktische Merkmal zu beachten" (ebd.: 433).

Zusammenfassend und ganz allgemein gesprochen kann man sowohl Analogiebildungsprozesse als auch das Erkennen struktureller Ähnlichkeiten und mithin die Bildung kognitiver Muster als einen rekursiven Prozess aus Wahrnehmung und Aneignung beschreiben: Visuell wahrgenommene, aneinandergereihte, segmentale Schriftzeichen (tokens) werden vom Leser – im günstigen Fall und wenn der Unterricht sie nicht davon abhält – transformiert in dem Sinne, dass er daraus eine oder mehrere abstrakte Struktur(en) (types) bildet, die er in seinem Kopf als abstraktes, unterspezifiziertes Muster des Gelesenen speichert. Diese Muster werden aktiviert, wenn eine Struktur gleichen Typs vorliegt (vgl. Funke 2005). Trifft der Leser indes auf eine ihm unbekannte Struktur, kommt es zu Irritationen – der Leser bildet dann neue Hypothesen/Annahmen aus und verändert (akkomodiert) eventuell sein bislang etabliertes kognitives Muster. Die erneute Konfrontation mit Strukturen ähnlichen Typs wird zeigen, ob sich die neuen Hypothesen und Analogieschlüsse bestätigen – oder ob die Hypothesen weiter akkomodiert werden müssen. Wie ein solcher, bei erfolgreichen Lesern häufig ungesteuert ablaufender

Analogie- und Hypothesenbildungsprozess bei der Rezeption von Punkten und Kommas ablaufen kann, ist in (Esslinger 2017) und in (Esslinger 2018b) dokumentiert, woraus der nachfolgende Ausschnitt entnommen ist. Wir können dabei dem Zweitklässler Karsten beim Analogienbilden „zuhören" und beobachten, wie seine Lehrerin im Gespräch versucht, einen weiterführenden Mustererwerb zu initiieren – und Karsten damit anregt, neue Hypothesen über die strukturellen Regelmäßigkeiten deutscher Sätze aufzubauen:

> Karsten liest leise während einer Freiarbeitsphase aus Astrid Lindgrens Gesamtausgabe „Die Kinder aus Bullerbü"[27] folgende Stelle:
>
> „Aber wir taten so, als sei das Wrack von anderen Seeräubern besetzt, die den Schatz bewachten. Wir sprangen im Wasser umher und schossen auf die fremden Seeräuber. Lasse führte uns an, und wir kletterten auf das Wrack, unsere Messer zwischen den Zähnen. Es waren nur Holzstücke, aber wir taten so, als seien es Messer."
>
> Karsten: *(kommt mit seinem Buch zur Lehrerin)*
Ich verstehe das nicht.
>
> Lehrerin (L): Was verstehst du nicht?
>
> Karsten: *(liest korrekt betont – bleibt aber beim Wort „Zähnen" in einer schwebenden Stimmlage)*:
Lasse führte uns an, und wir kletterten auf das Wrack, unsere Messer zwischen den Zähnen – da fehlt doch was!
>
> Lehrerin: Was fehlt denn deiner Meinung nach?
>
> Karsten: Keine Ahnung – „tun weh" oder so.
>
> Lehrerin: Ach, du meinst ein Verb – so wie „unsere Messer zwischen den Zähnen blinkten". Könnte sein, aber es geht auch so, schau *(liest mit am Satzende fallender Intonation)*: Wir kletterten auf das Wrack, unsere Messer zwischen den Zähnen.
[2 sec. Pause]
>
> Karsten: *(wirkt unzufrieden)*
Hm, ist doch komisch!
>
> Lehrerin: Nein, das geht schon – so wie wenn man sagt „Sie kamen ganz müde nach Hause, jeder drei Tüten in der Hand." Oder: „Sie standen alle schon im Wasser, jeder bis zum Bauchnabel."
>
> Karsten: Ach so ... (*Nimmt sein Buch und setzt sich wieder auf seinen Platz*).
(Gesprächsausschnitt entnommen aus Esslinger 2018b: 146 f.)

Karsten hat das syntaktische Muster „Aufzählung von Sätzen" (s. Kap. 1) bereits erworben – und scheint es auch nach der konjunktional eingeleiteten Satzkoordination *und wir kletterten auf das Wrack* zu erwarten (etwa gemäß der unbewusst ablaufenden Analogie: Da ist wieder ein „und" und danach kommt eine Konstruktion mit Komma, also muss es sich um eine Aufzählung handeln). Allerdings kollidiert die nachfolgende Äußerung <*unsere Messer zwischen den Zähnen*> mit seiner Hypothese, er habe eine Satzkoordination (Aufzählung) vor sich – denn das von Karsten erwartete Verb („tun weh") bleibt aus. Karstens syntaktische Erwartungshaltung, die auf dem Erkennen struktureller Ähnlichkeiten beruht, wird enttäuscht (vgl. Esslinger 2016b). Denn es liegt hier nicht die von Karsten erwartete Koordination vor, sondern eine ihm vermutlich noch unbekannte, da selten vorkommende Rechtsherausstellung (s. 1.2). Mit der

[27] Astrid Lindgren (1977): Die Kinder aus Bullerbü. Hamburg: Oetinger, S. 196. Das Buch hatte Karsten von zu Hause mitgebracht.

Nennung strukturell analoger Beispiele („Sie kamen ganz müde nach Hause, jeder drei Tüten in der Hand") versucht die Lehrerin, Karsten dabei zu unterstützen, neue Hypothesen über die Existenz weiterer Satzmuster aufzubauen, was ihr in gewissem Maße auch zu gelingen scheint – Karsten reagiert einigermaßen zufrieden mit „ach so". Zu vermuten bleibt, dass er das Muster der Rechtsherausstellung (zumindest bei elliptischen Sätzen) noch nicht souverän, sondern lediglich auf einer „halbabstrakten" Ebene erworben hat – was jedoch im Einklang mit den Annahmen der *usage-based theory* steht, wonach der Mustererwerb ein gradueller Prozess ist, der einen immer größeren Grad der Abstraktheit erreicht (vgl. Pracht 2010; Hochstadt 2015).

Wie das Beispiel von Karsten illustriert, setzen Analogiebildungsprozesse bereits „eine gewisse Übersicht über strukturelle Zusammenhänge" (Pracht 2010: 31) voraus, wie sie auch von erfolgreichen DaZ-Lernenden bemerkenswert schnell erworben werden: Das folgende Gespräch wurde in einer Grundschule in Rheinland-Pfalz mit dem syrischen Flüchtlingsjungen Halid geführt, der erst seit einem Jahr in Deutschland lebt und bereits beeindruckend gut Deutsch gelernt hat. Folgende Aufgabe lag Halid vor:

> Peter hat vergessen, seiner Oma zum Geburtstag zu gratulieren. Der ist nun schon zwei Tage her. Peters Mutter weiß, dass die Oma darüber ganz traurig ist. Deshalb bittet sie Peter, endlich seine Oma anzurufen und ihr zu gratulieren.
>
> *(a) Peter verspricht, seiner Mutter gleich zu gratulieren.*
>
> *(b) Peter verspricht seiner Mutter, gleich zu gratulieren.*
>
> Die beiden Sätze sehen fast gleich aus – aber nur einer passt zur Geschichte. Welcher? (nach Esslinger 2015d: 26)

Halid:	Also der Komma war so wichtig [...] Oben beim ersten Satz „Peter verspricht, seiner Mutter gleich zu gratulieren" – also er will SEINE Mutter gratulieren. Aber unten, „Peter verspricht seiner Mutter", also er verspricht seiner Mutter, dass er gleich gratuliert.
Gesprächsleitung:	Ja, ja genau!
Halid:	Mmh [verstehend]
Gesprächsleitung:	Was glaubst du, wofür das Komma denn da ist, was macht das Komma?
Halid:	Das Komma zeigt das also [...] siehste, da hat er das Komma also falsch gesetzt und da ist das passiert, dass er seiner Mutter gratulieren will. [...] Und seine Mutter hat keinen Geburtstag glaub ich.
Gesprächsleitung:	[...] Was macht das Komma beim Lesen?
Halid:	Das Komma erleichtert das Lesen ein bisschen. Also man könnte glaub ich seine Oma auch im Satz schieben [...] Peter verspricht seiner Mutter, dass er seine Oma gleich gratuliert.
	(Gesprächsausschnitt entnommen aus Esslinger 2016c: 40)

Dass Halid nach nur einem Jahr Sprachkontakt die lesersteuernde Funktion des Kommas erfasst und zur Erklärung des kommainduzierten Bedeutungsunterschiedes auf eine alternative Satzstruktur verweisen kann und darüber hinaus die Verb-letzt-Stellung des Deutschen beherrscht und als passende Alternative für die gegebene zu-Infinitiv-Konstruktion anführt (*„Peter verspricht seiner Mutter, dass er seine Oma gleich gratuliert"*), ist einerseits erstaunlich – andererseits machen Halids Äußerungen deutlich, dass die Fähigkeit, rasch eine neue Sprache zu erwerben, nicht nur an eine lexikalische, sondern vor allem an eine strukturelle Sensibilität gebunden ist. Funke spricht in diesem Zusammenhang von einer grammatischen „Dünnhäutigkeit" (Funke 2007: 147), die vermutlich die Voraussetzung für eine gelingende Hypothesenbildung und einen gelingenden kognitiven Mustererwerb darstellt – und über die nicht alle Lernenden in gleichem Maße verfügen (s. auch Hannahs Textbeispiel zum Punkt in Abb. 8). Die Äußerungen von Halid stehen in Einklang mit Befunden von Müller (2007: 207), wonach sich Schüler mit und ohne Migrationshintergrund hinsichtlich ihrer Leistungen bei der Kommasetzung NICHT unterscheiden - wohingegen Schüler mit Migrationshintergrund bei der allgemeinen Orthographieleistung etwas schlechter abschneiden. Unzureichende grammatische Sensibilität könnte auch eine Erklärung dafür sein, dass gerade die schwächsten Leser nicht von sogenannten „Vielleseverfahren" profitieren – sie scheitern bereits auf der Satzebene (vgl. Rosebrock & Nix 2015), in der auch das Komma angesiedelt ist – und bräuchten hier spezifische Unterstützung von außen und nicht lediglich „mehr" vom immer Gleichen. Selbst die in der Sekundarstufe als erfolgreich evaluierten Verfahren des *begleiteten Lautlesen* helfen insbesondere den leseschwachen Grundschulkindern nicht (vgl. Lauer-Schmaltz, Rosebrock & Gold 2014) – auch hierfür könnte eine nicht ausreichende entwickelte „Dünnhäutigkeit" für die gemeinsam gelesenen syntaktischen Muster verantwortlich sein.

Für die Schulpraxis bedeutet das: Wir müssen es Lernenden auf systematische Weise ermöglichen, „dünnhäutig" für strukturelle Gemeinsamkeiten und Unterschiede zu werden, so dass es ihnen möglich wird, über (auf strukturellen Vergleichen basierende) Analogie- und Hypothesenbildungsprozesse syntaktische Muster aufzubauen, die ihnen beim Komma-Lesen und -Schreiben weiterhelfen (s. Kap. 4).

3.4 | Übungsaufgaben zur Vertiefung des Gelesenen

Einige der folgenden Sätze sind zweideutig. Finden Sie heraus, welche es sind und setzen sie die Kommas.

(a) Shukri bittet alle Freunde und Nachbarn anzurufen.
(b) Carina verspricht ihrem Mann nicht immer die Schokolade wegzuessen.
(c) Petra vergisst nie ihrer Freundin ein Buch mitzubringen.
(d) Collin Leon sein Bruder und Ricarda spielen Quartett.
(e) Sie räumen alle Jacken Mützen Schals und Pullis in die Tüte mit den Wintersachen.
(f) Für die Urlaubsreise packen sie Monopoly Scrabble ihr Lieblingsspiel und die Dominosteine ein.

4 | Vom Komma-Lesen zum Komma-Schreiben (sprachreflexiv-lesebasierter Ansatz)

Auf den in den vorausgegangenen Kapiteln dargestellten theoretischen und empirischen Grundlagen wird in diesem Kapitel geklärt, welche Art(en) von Kommawissen für Lernende (zu welchem Zeitpunkt) hilfreich sind (4.1) und auf welchen Grundprinzipien die hier vorgeschlagene, sprachreflexiv-lesebasierte Kommadidaktik beruht (4.2). Anschließend werden einige Leitfragen skizziert, die den hier exemplarisch vorgestellten Aufgabentypen zugrunde liegen (4.3). Dabei wird auch die Frage, wie der Übergang vom Komma-Lesen zum Komma-Schreiben unterstützt werden könnte, zu beantworten versucht – jedoch müssen die Beispiele angesichts noch fehlender empirischer Forschungsergebnisse skizzenhaft bleiben.

4.1 | Welche Arten von Komma-Wissen sollen Lernende erwerben?

Jede Fachdidaktik hat die Aufgabe, zwischen Lerngegenstand, Lernenden und Lehrenden zu vermitteln. Sie muss klären, was Lernende überhaupt lernen sollen und um welche Art von Wissen es sich dabei handelt. Dabei ist zu klären, welche Kompetenzen bei den Schülern mittel- und langfristig aufgebaut werden sollen und selbstverständlich mit welchen Methoden dies idealerweise gelingt.

Was den hier thematisierten Lerngegenstand betrifft, so ist das Komma ein Element des deutschen Interpunktionssystems, welches – wie wir bereits dargelegt haben – als Teilsystem der Orthographie das leise, sinnerfassende Lesen in optimaler Weise unterstützt. Die hier fokussierte Kommasetzung als Teil der Interpunktionskompetenz bildet so gesehen auch eine Teilkompetenz der orthographischen Kompetenz, die wiederum ein Ausdruck grammatischer Kompetenz ist, die letztendlich die Voraussetzung für eine erfolgreiche Textrezeption und -produktion ist. Umgekehrt bildet eine (bereits präliteral, also im mündlichen Sprachgebrauch bzw. in familiären Vorlesesituationen erworbene) Textrezeptionskompetenz die Voraussetzung für den Erwerb grammatischer Kompetenz und wiederum die Voraussetzung für den Erwerb orthographischer Kompetenz. Das interdependente Verhältnis der Teilkompetenzen lässt sich folgendermaßen abbilden:

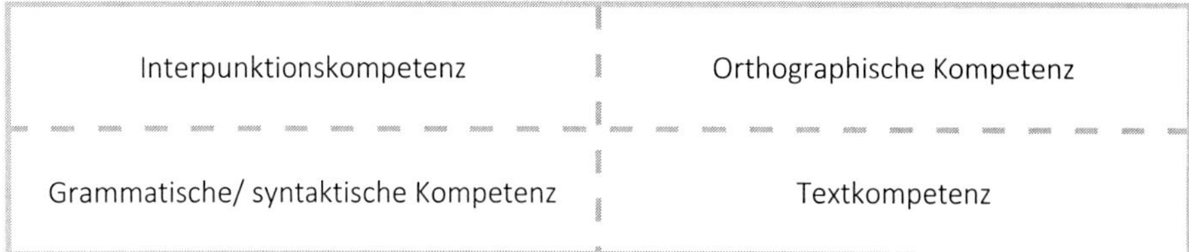

Interpunktionskompetenz	Orthographische Kompetenz
Grammatische/ syntaktische Kompetenz	Textkompetenz

Abbildung 9: Sowohl beim Lesen (Rezeption) als auch beim Schreiben (Produktion) steht die Interpunktionskompetenz zu allen anderen Teilkompetenzen in einem Abhängigkeitsverhältnis, von denen jede wiederum mit allen anderen in Beziehung steht.

Insgesamt lassen sich die meisten kommadidaktischen Ansätze (s. 2.1-2.4) als isolierte, regel- und merksatzlastige Verfahren beschreiben, die kaum Möglichkeiten zu sprachlicher Reflexion bieten; das strategiegeleitete Modell von Lindauer und Sutter (2.5) ist in dieser Hinsicht eine der wenigen Ausnahmen. Die Unzulänglichkeiten der herkömmlichen Kommadidaktik liegen vermutlich nicht nur in den über unterschiedliche Ansätze vermittelten, strukturellen Widersprüchen begründet, sondern auch in ihrem unzulässigen Status als isoliertem, kontextlosem Thema. Da das Komma nicht nur aus orthographischer Sicht wichtig ist, sondern als satzgrammatisches Zeichen auch für das Lesen Relevanz besitzt (s. Kapitel 3), bildet die Kommadidaktik eine Schnittmenge aus Orthographiedidaktik (mit dem Lernziel, Kommas beim Schreiben korrekt setzen zu können), Lesedidaktik (mit dem Lernziel, Kommas beim Lesen auswerten und zur Sinnkonstruktion nutzen zu können) und Grammatikdidaktik (mit dem Lernziel, Einsicht in sprachliche Strukturen bzw. Muster zu gewinnen).

Aus Vermittlungsperspektive ergibt sich also folgendes Bild:

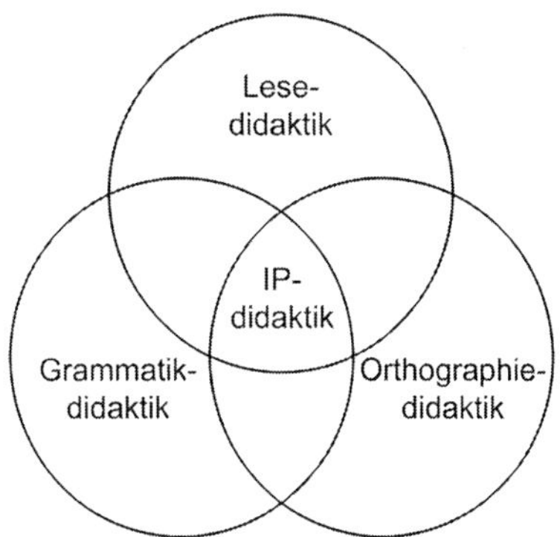

Abbildung 10: Interpunktionsdidaktik als Schnittmenge aus Orthographie-, Lese- und Grammatikdidaktik

Betrachtet man die Ziele der Lese-, Orthographie- und Grammatikdidaktik genauer, so stehen in ihnen jeweils unterschiedliche Wissensmodalitäten im Fokus der Vermittlung, die sich auch in der Interpunktionsdidaktik widerspiegeln und sich – je nach Zielsetzung – überlappen können: Da ist einerseits das automatisierte, d.h. ohne Bewusstseinsbeteiligung ablaufende Können, wofür die Fachdidaktik noch keinen einheitlichen Begriff definiert hat[28] (vgl. Bredel ²2013). In der vorliegenden Arbeit wird hierfür der Begriff ***Prozesswissen*** (ebd.: 109 f.) verwendet und mit Blick auf die in Kapitel (3) thematisierten Analogiebildungsprozesse weiter ausdifferenziert. Ganz allgemein gesprochen zielt eine Förderung des Prozesswissens auf die Verbesserung sprachpraktischen Könnens, worunter man die Fähigkeit versteht, Kommas beim Schreiben automatisch normkorrekt zu setzen und beim Lesen automatisch erfolgreich auszuwerten. Andererseits geht es in der Interpunktionsdidaktik auch um die Vermittlung sogenannten ***Analysewissens*** (ebd.), das sich durch eine leser- oder schreiberseitige Bewusstseinsbeteiligung auszeichnet und das es Lernenden ermöglicht, Probleme beim Schreiben (Komma ja oder nein?) oder beim Lesen (Verstehen komplexer Satzgefüge) strategisch, also kontrolliert zu lösen[29].

Aus Lernerperspektive ist die Frage, in welcher Relation die unterschiedlichen Wissensarten zueinander stehen, in weiten Teilen noch ungeklärt. Einige Befunde aus der empirischen Forschung liefern uns jedoch Hinweise zur Beantwortung der Frage, welches Komma-Wissen für Lernende hilfreich ist (vgl. auch die Überblicksarbeiten von Binanzer & Langlotz 2018 und Binanzer & Wecker 2020 sowie die Studie von Wielenberg 2020).

- Die einzige Wirksamkeitsstudie zur produktiven Kommakompetenz (beim Schreiben) hat gezeigt, dass die explizite Vermittlung grammatischen Analysewissens (deklarativen Wissens) keinen eindeutigen Effekt auf das Prozesswissen, d.h. auf die Verbesserung der Kommasetzung beim Schreiben hat (vgl. Metz 2005).
- Deklaratives, grammatisches Regelwissen hilft Lernenden selbst dann nicht, wenn sie aufgefordert werden, ihre eigenen Kommaentscheidungen im Nachhinein zu begründen – das belegen alle empirischen Studien in unterschiedlichen Erwerbsphasen (Grundschule, Sekundarstufe, Studium) (vgl. Afflerbach 1997; Melenk 2001; Krafft 2016; Müller 2007). Dieser Befund ist insofern interessant, als in Bezug auf andere orthographische Phänomene deklaratives Wissen von Lernenden der Sekundarstufe als Begründungswissen erfolgreich herangezogen werden konnte (vgl. Krebs 2013).
- Eine mit DaZ-Lernenden durchgeführte Interventionsstudie zur Wirksamkeit von expliziter Sprachförderung (d.h. mit bewusster Aufmerksamkeitslenkung auf das Sprachsystem/sprachliche Regeln) im Vergleich zu impliziter Sprachförderung (d.h. ohne gelenkte Aufmerksamkeit auf das Sprachsystem/sprachliche Regeln) in den Bereichen Grammatik, Leseverstehen und Wortschatz hat gezeigt, dass insbesondere in den Bereichen Grammatik und Leseverstehen eine Kombination von expliziter und impliziter Sprachförderung wirksamer ist als nur eine implizite Sprachförderung (vgl. Stanat u. a. 2012).
- Wie die Befundlage zur rezeptiven Kommakompetenz beim Lesen zeigt (s. Kap. 3), lernen es etliche Kinder bis zur achten Klassenstufe nicht, im Verlauf des weiterführenden

[28] Dazu gehören u. a. die Begriffe *implizites Wissen, prozedurales Wissen, tacid-knowledge* oder *knowing how* (vgl. Ryle 1949/1997; Bremerich-Vos 1999: 38; Ossner 2006b: 32 ff.; Ossner 2006a; Peyer 2011: 98 ff.).

[29] In der Fachdidaktik spricht man auch von *Problemlösungswissen* (vgl. Ossner 2006a; 2006b), das vorbegrifflich sein kann, also ohne grammatische Termini (Fachbegriffe) auskommt. Im Kontext der Interpunktionskompetenz vgl. aktuell Wielenberg 2020.

Leseerwerbs „nebenbei" (implizit) Kommas für die Sinnkonstruktion beim Lesen zu nutzen.

Zusammenfassend kann man in Bezug auf den Kommaerwerb festhalten, dass es – einerseits – nicht allen Lernenden im weiterführenden Lese- und Schreiberwerb quasi „aus eigener Kraft" gelingt, die notwendigen rezeptiven und produktiven Kompetenzen zu erwerben. Andererseits scheint es mit Blick auf die unzureichenden Kommakompetenzen von Schülern und Studierenden (s. Kap. 0) naheliegend, dass

- es neben der theoretisch inkonsistenten Fundierung nicht die geeignete Art von Wissen ist, die die aktuelle Interpunktionsdidaktik (die als schreiberorientiert sowie regel- und merksatzlastig gilt, s. Kap. 2) vermittelt und/oder
- dass das dafür nötige Vorwissen von den Schülern noch nicht erworben wurde.

So kritisieren beispielsweise Lotze et al. (2016), dass die Kommaregeln

> „in Jahrgangsstufen vermittelt (oder eben nicht wirklich vermittelt) werden, in denen nötige kognitive und sachliche Voraussetzungen noch gar nicht vorliegen. Fehlt diese Grundlage, wird die Kommasetzung als willkürlich und nur schwer durchdringbar empfunden. [...] In der Konsequenz setzen die meisten Schreibenden „Kommas nach Gefühl" und orientieren sich zum Teil an Kriterien, mit denen die aktuelle Regelung direkt nicht das Geringste zu tun hat: Satzlänge, Intonation, Atempausen, Semantik (siehe Afflerbach 1997; Müller 2007)." (Lotze et al. 2016: 53)

Um in Fragen der „didaktischen Passgenauigkeit" mehr Licht ins Dunkel zu bekommen, müssen wir uns fragen, was Lernende eigentlich „können", wenn sie über produktives und rezeptives Prozesswissen verfügen, also über die Fähigkeit, Kommas beim Schreiben korrekt zu setzen und beim Lesen kognitiv zu verarbeiten. Interessante Befunde zur Beantwortung dieser Frage liefert eine großangelegte Studie von Funke, in der am Beispiel der Wortartkenntnis getestet wurde, über welche Art grammatisches Wissens Lernende verfügen (Funke 2005). Da sich die Ergebnisse auf die Kommasetzung übertragen lassen, seien im Folgenden die wichtigsten Befunde sowie die für uns relevanten Begriffe in aller Kürze skizziert:

Funke legte Haupt- und Realschülern der fünften bis siebten Klassenstufe u. a. einen „impliziten" Wortarttest folgenden Typs vor:

(1) An unserem Kaninchenstall hängt ein Vorhängeschloss.
- Dieses SCHLOSS machte ich zu.
- Dieses SCHLOSS verriegelte ich.
- Dieses SCHLOSS klinkte ich ein.
- Dieses SCHLOSS ich ab.

(Funke 2005: 188)

Die Schüler sollten die Antwortmöglichkeiten vergleichen und diejenige identifizieren, die nicht zu den anderen passt (vgl. ebd.): In dem Beispiel oben ist dies der vierte Satz, da SCHLOSS hier nur verbal aufgelöst werden kann. Die Aufgaben zielen also auf Prozesswissen ab: Um eine passende Auswahl treffen zu können, müssen die Schüler einerseits in der Lage sein, kognitive syntaktische Muster beim Lesen zu aktivieren (*Musteraktivierung*) – andererseits müssen sie syntaktische Strukturkontraste erfassen können (Funke spricht von *Musterselektion*). Schulgrammatische Termini (Fachbegriffe) werden zum Lösen der Aufgabe nicht benötigt (ebd.: 232). Darüber hinaus erhielten die Schüler „explizite" Wortartaufgaben wie diese:

(2) Fritz SPIELT gerne Fußball. Er macht sogar in einem Verein mit.
SPIELT:
- Verb
- Kein Verb
- Weiß nicht

(Funke 2005: 234)

Dieser Test zielt auf die Erfassung deklarativen Analysewissens – die Schüler müssen entscheiden, ob eine markierte Wortform einer vorgegebenen Wortart entspricht oder nicht (ebd.).

Im Ergebnis hat sich gezeigt, dass nur diejenigen Schüler, die die „impliziten" Aufgaben lösen konnten und mithin über ein ausgebautes Prozesswissen verfügen (also über die Fähigkeit zur **Musteraktivierung und -selektion**, hier: finite Verben von Nomen zu unterscheiden), auch die expliziten Aufgaben lösen konnten (d.h. über deklaratives Analysewissen verfügten, welches zur terminologisch begleiteten Zuordnung eines Wortes zu einer bestimmten Wortart notwendig ist).

Kurz zusammengefasst: Wer über umfassendes Prozesswissen (automatisiertes Können) verfügt, ist sowohl zur Musteraktivierung als auch zur Musterselektion fähig. Umfassendes Prozesswissen ist die Voraussetzung für den Erwerb deklarativen Analysewissens – und nicht umgekehrt. Diese Befunde wurden durch Anschlussforschungen zum syntaktischen Lesen bestätigt (vgl. Funke & Sieger 2014), in denen u. a. Aufgaben wie die folgende eingesetzt wurden:

(3) Levke schimpft: „Für unsere Garage müssen wir jeden Monat 100 Euro zahlen. Das kann doch nicht wahr sein! Andere Mieten in dieser Gegend ...
... zwei Garagen für denselben Preis."
... sind gerade mal halb so hoch." (ebd.: 3)

In diesem Aufgabentyp hängt es ausschließlich von der Groß- bzw. Kleinschreibung eines Wortes (hier: *Mieten/mieten*) ab, „wie eine syntaktische Strukturierungsalternative zu entscheiden ist" (ebd.). Das Aufgabenformat ist mit dem im RIKo-Test vergleichbar (s. Kap. 3.2), der die syntaktische Bedeutungskonstruktion an das Komma bindet: Auch bei RIKo müssen sich die VTN zwischen unterschiedlichen Strukturangeboten entscheiden – sie müssen also zur *Musterselektion* fähig sein.

Eine theoretisch begründete Entwicklung von Komma-Aufgaben, die sowohl Prozess- als auch Analysewissen fördern sollen, macht es erforderlich, dieses Begriffspaar weiter auszudifferenzieren. Dabei greifen wir die von Bredel in ihrem Buch „Sprachbetrachtung und Grammatikunterricht" referierten unterschiedlichen Formen der Anwendung sprachlichen Wissens auf und übertragen sie auf die Kommasetzung:

> „Bei operativen Zugriffsweisen, bei denen die zu betrachtenden sprachlichen Strukturen online im Modus ihrer Verarbeitung aktiviert werden, sprechen wir von Prozess-

wissen; es handelt sich um dynamisches Wissen, insofern auf sprachlich aktivierte Muster zugegriffen wird. Bei deklarativen Zugriffsweisen, bei denen sprachliche Strukturen als vergegenständlichte Objekte betrachtet werden, sprechen wir von Analysewissen. Es ist statisch, insofern auf sprachliche Eigenschaften bzw. Merkmale zugegriffen wird." (Bredel ^{2}2013: 109)

Mit anderen Worten: Während des Prozesses der operativen Sprachverarbeitung aktiviert der Schreiber bzw. Leser Wissen, das für die erfolgreiche Verarbeitung von Wörtern, Sätzen und Texten benötigt wird. Bei deklarativen Zugriffsweisen geht es um gespeichertes Wissen, welches abgerufen wird, z. B. um eine Regel zu benennen. Diese Kategorien kommen in jeweils unterschiedlicher Weise zum Tragen. Was bedeutet das konkret?

Angenommen, ein Leser stößt auf den Satz *Sie mag ihn, nicht aber seine Katze.*, so müssen bei kompetenten Lesern nicht erst Komma- bzw. Grammatikregeln abgerufen werden, um richtig zu deuten, wie der Satz gemeint ist, im Unterschied etwa zu *Sie mag ihn nicht, aber seine Katze.*

Wie oben bereits dargestellt, verfügen erfahrene Leser über das notwendige Prozesswissen, um die Sätze so zu verstehen, wie sie gemeint sind. Diese „operativen Zugriffsweisen" sind keineswegs auf Sprachverarbeitung begrenzt. Sie ähneln weitgehend den automatisierten Praktiken aus ganz anderen Bereichen, wie beispielsweise Musizieren oder Fahrradfahren.

Im zweiten Fall geht es um Wissen, das „benannt" werden kann, indem z. B. eine Regel abgerufen wird, und zwar außerhalb der konkreten Verarbeitungssituation. Diese Art Wissen begegnet uns im Unterricht sehr häufig, wenn es etwa um Merksätze geht oder Schüler sprachliche Kategorien benennen bzw. eine sprachliche Struktur begründen sollen (z. B. „Im Aussagesatz steht das flektierte Verb an zweiter Stelle." – „Infinitivgruppen werden durch Komma abgetrennt.") Diese Art von Wissen ist insofern statisch, als sie unabhängig von konkreten Äußerungssituationen verfügbar ist.

Darüber hinaus unterscheidet Bredel, ob das jeweilige operative oder deklarative Wissen situationsgebunden (also während eines Lese- oder Schreibprozesses) oder situationsentbunden (also nach einem bzw. unabhängig von einem konkreten Lese- oder Schreibprozess) aktiviert wird. Sie kommt zu der in Tabelle 9 dargestellten Kreuzklassifikation,

	situationsgebunden	situationsentbunden
operativ	integriertes Prozesswissen	autonomes Prozesswissen
deklarativ	integriertes Analysewissen	autonomes Analysewissen

Tabelle 9: Typen grammatischen/metasprachlichen Wissens (aus Bredel ^{2}2013: 110)

die wir für die Kommasetzungskompetenz wie folgt nutzen (Abb. 10):

- Die Schüler greifen auf **integriertes Prozesswissen** zurück, wenn sie während des Lese- oder Schreibprozesses mithilfe des Kommas Bedeutungen erfassen oder Selbst- bzw. Fremdkorrekturen vornehmen. Auch die intuitive Kommatierung aufgrund innerer Regelbildung gehört in diese Kategorie.
- Sie wenden **autonomes Prozesswissen** an, wenn sie ohne einen konkreten Schreib- oder Leseanlass z. B. Übungen zur Kommasetzung bearbeiten, beispielsweise das Auffinden

des flektierten Verbs und seiner Ergänzungen (vgl. Königreich-Modell nach Lindauer; Erarbeitung von Haupt-/ Nebensatzstrukturen etc.).

- **Integriertes Analysewissen** kommt in der konkreten Schreibsituation zur Anwendung, wenn z. B. Unsicherheit besteht, ob an einer bestimmten Position ein Komma gesetzt werden muss. Entsprechendes Wissen vorausgesetzt, kann der Schreiber in dem Fall eine passende Regel abrufen.
- **Autonomes Analysewissen** bedeutet das Abrufen von Regelwissen, losgelöst von konkreten Kontexten, etwa wenn die Schüler im Unterricht aufgefordert werden, ihnen bekannte Kommaregeln zu nennen.

	situationsgebunden	**situationsentbunden**
operativ	**integriertes Prozesswissen** • syntaktisch-semantische Sprachverarbeitung, Steuerung des Leseprozesses durch Kommas: z. B. *„Sie mag ihn], [nicht aber seine Katze."* vs. *„Sie mag ihn nicht], [aber seine Katze."* • Selbst- bzw. Fremdkorrekturen von Falschschreibungen im Kontext ihres Auftretens (*„Im obigen Bepsiel muss ein Komma hin, sonst bekommt der Satz eine falsche Bedeutung."*) • Intuitives Auffinden von kommarelevanten Stellen in einem vorliegenden Text.	**autonomes Prozesswissen** • Anwendung sprachlicher Analyseverfahren, z. B. grammatischer Proben (z. B. Umstellprobe: *„Sie mag ihn, seine Katze aber nicht."* Auch ohne konkret auftretendes Problem. • Durchführung bestimmter Aufgaben zur Ermittlung der Kommaposition.
deklarativ	**integriertes Analysewissen** • Nachschlagen/ Erfragen einer im Schreibprozess akuten Kommaregel. („Nach dem ersten Teilsatz muss ein Komma gesetzt werden, weil es sich um eine Infinitivgruppe handelt.")	**autonomes Analysewissen** • Bennen von Kategorien, Abrufen von Regeln ohne konkret auftretendes Problem (z. B. „Infinitivgruppen werden durch Komma abgetrennt").

Tabelle 10: Wissenstypen nach Bredel (^{2}2013: 109 f.), angewendet auf die Kommasetzung

Da die Fähigkeit zur Musterselektion (also die Fähigkeit, strukturelle Muster zuverlässig erkennen und unterscheiden zu können) Bestandteil eines ausgebauten Prozesswissens (Komma-Lesen und -Schreiben-Können) und notwendige Voraussetzung für alle anderen Wissensarten (integriertes und autonomes Analysewissen; vgl. Funke 2005; Funke & Sieger 2014) ist, muss den Schülern deutlich gemacht werden, dass die Art, wie der eigene Leseprozess durch orthographische Mittel gesteuert wird, gleichermaßen bei den Lesern ihrer Texte funktioniert. Didaktisch angeleitete Schreibentwicklung darf dementsprechend nicht zu stark auf **Produktorientierung** und Authentizität ausgerichtet sein; entsprechend der Entwicklungslogik von Bereiter (1980) ist der Fokus auf den Leser für das eigene Schreiben ebenso bedeutsam. Eine lernförderliche Kommadidaktik sollte immer an einer systematischen Förderung des Prozesswissens ansetzen – insbesondere an der Fähigkeit zur Musterselektion. Voraussetzung hierfür ist der Aufbau kognitiver Muster durch Analogiebildungsprozesse (s. Kap. 3), was durch einen häufigen und systematischen Kontakt der Lernenden mit unterschiedlichen Satzmustern (s. Kap. 1) gefördert werden kann. Jedoch bietet der herkömmliche Grundschulunterricht Lernenden keinen ausreichenden Input, der so strukturiert ist, dass er zum (stabilen) Erwerb neuer Strukturen beiträgt (vgl. Knapp 2011). Insofern ist es nicht verwunderlich, dass viele Schüler der Sekundarstufe die ihnen angebotenen Kommaregeln nicht zur Verbesserung ihres sprachpraktischen Könnens nutzen können – es fehlen ihnen schlicht die Voraussetzungen dafür. Die Frage, „welche Art von Wissen der Deutschunterricht anstreben muss, damit dieses Wissen in der sprachlichen Praxis wirksam wird" (Funke & Sieger 2014: 12), beantworten Funke und Sieger folgendermaßen:

> „Es muss auf spontanen sprachlichen Reaktionsneigungen aufsitzen [...]. Eine spontane Reaktionsneigung ist selbst noch kein Wissen, sondern ein schlichter Impuls. [...] Aus Impulsen dieser Art lässt sich jedoch in einem zweiten Schritt Wissen gewinnen, wenn man lernt, ihr Auftreten zum Erkennen syntaktischer Strukturmuster zu nutzen." (ebd.: 12)

4.2 | Orientierungsrahmen für einen sprachreflexiv-lesebasierten Kommaunterricht

Spontane Reaktionsneigungen im oben zitierten Sinne gehen auf integriertes Prozesswissen im Bredelschen Sinne zurück (s. Tab. 10); sie können gezielt durch kontrastive Lese-Aufgaben mit und ohne Verfremdungseffekt hervorgerufen werden, in denen Kommas von den Lernenden in einem kontextualisierenden Setting wahrgenommen werden können (s. 3.2). Sogenannte Interpunktionsgespräche ermöglichen es Lernenden, ihre eigenen Leseerfahrungen in einem diskursiven Rahmen zu reflektieren und dabei die Funktion des Kommas zu begreifen (s. u.; vgl. Esslinger 2017; 2018b). Auf diese Weise kann Kommasensibilität im Sinne einer „syntaktischen Dünnhäutigkeit" (s. 3.3) gefördert werden. Darüber hinaus werden gezielte Anreize zur Analogie- und Hypothesenbildung und mithin die lernerseitige Fähigkeit zur Musterselektion geschaffen. Da die rezeptive Kommakompetenz (Lesen) der produktiven (Schreiben) vorauszugehen scheint, plädieren wir insgesamt für den frühen Beginn einer systematischen, lese- und prozessorientierten Komma- bzw. Interpunktionsdidaktik bereits zum Ende der Primarstufe (vgl. auch Esslinger 2016b; Krafft 2016: 65 f.).

Aus den bisher dargestellten theoretischen und empirischen Befunden (s. 1 bis 4.1) ergibt sich für eine konsequent sprachreflexiv-lesebasierte Kommadidaktik folgender didaktischer Orientierungsrahmen:

Eine sprachreflexiv-lesebasierte Kommadidaktik ist ...

- lesebasiert: Sie führt vom Komma-Lesen zum Komma-Schreiben.
- musterorientiert: Lernende werden gezielt mit kommatierten Satzstrukturen konfrontiert, die sie erkunden sollen. Auf diese Weise werden Analogiebildungsprozesse (also das Wahrnehmen struktureller Ähnlichkeiten, s. Kap. 1) und mithin der Erwerb kognitiver Muster unterstützt, so dass die Lernenden integriertes und autonomes Prozesswissen aufbauen können.

- **kontrastiv und kontextualisiert**: Anstatt Kommaregeln und Merksätze (auswendig) zu lernen und in isolierten Übungssätzen anzuwenden, können Lernende die lesersteuernde Funktion des Kommas systematisch in unterschiedlichen (evtl. verfremdeten) Kontexten sowie im Kontrast zu anderen Interpunktionszeichen erfahren.
- **sprachreflexiv und diskursiv**: In aufgabenbasierten Interpunktionsgesprächen können Lernende über ihre eigenen, kommainduzierten Lese- und Schreiberfahrungen sprechen – dieser Austausch regt ebenfalls Analogiebildungsprozesse an und fördert darüber hinaus integriertes Analysewissen.
- **prozessorientiert und experimentell/spielerisch**: Durch experimentelles und spielerisches Umgehen mit kommatierten, ggf. verfremdeten Strukturen kann das Prozesswissen (sprachpraktisches Können) ebenso gefördert werden wie die Einsicht in syntaktische Strukturen (integriertes Analysewissen).
- **systemorientiert und anschlussfähig: Lernende entdecken und erkunden die** lesersteuernde Funktion des Kommas nicht isoliert, sondern im Kontrast zu uninterpungierten Sätzen und zu anderen syntaktischen Interpunktionszeichen (s. 3.1.2). **Anschlussfähig** ist der hier vorgestellte leserorientierte Ansatz insofern, als er einerseits ohne Strategiewechsel auskommt (vgl. im Gegensatz dazu Kap. 5) und andererseits sich die Orthographie insgesamt als lesersteuerndes System darstellen lässt (s. Kap. 6).

Auf den ersten Blick scheint weder die Idee, sich über das Lesen dem Komma zu nähern, noch die Idee der didaktisch motivierten kontrastiven Verfremdung von Strukturen neu zu sein (vgl. Bremerich-Vos 1999: 50 ff.). In vielen Schulbüchern werden bereits verfremdete, also absichtlich unkommatierte Lese-Texte angeboten, in denen die Kinder zuvor gelernte Regeln anwenden und die fehlenden Kommas einsetzen sollen. Doch bei genauerem Hinsehen handelt es sich dabei um Aufgaben zur *Überprüfung* und nicht zur *Vermittlung* von Kommakompetenz (vgl. Esslinger 2015c). Hinzu kommt, dass die angebotenen Sätze häufig auch ohne Komma zu verstehen sind und/oder jegliche Systematik vermissen lassen (vgl. den Überblick von Schönenberg 2016). Es tritt dann folgender Effekt ein: Schüler, die die Kommasetzung bereits beherrschen, können die Aufgaben problemlos lösen (benötigen sie aber gar nicht mehr); Lernenden, die die Kommasetzung nicht beherrschen, wird in den angebotenen Aufgaben jedoch nicht klar, welche Funktion das Komma hat bzw. mit welchen Operationen sie herausfinden können, wo ein Komma zu setzen ist. Im Zweifelsfall und von den Lehrkräften unbemerkt schreiben sie vermutlich vom Nachbarn ab oder fragen ihre Eltern. Die gemeinhin vermittelten Strategien (auf Pausen oder Signalwörter zu achten; s. Kap. 2) greifen zu kurz oder führen zu Widersprüchen. Und genau in diesem Punkt unterscheiden sich die in diesem Band exemplarisch vorgestellten Lese-Aufgaben und Lernsettings.

4.3 | Leitlinien und Beispiele für die Entwicklung sprachreflexiver Komma-Aufgaben

Auf der Folie der in (4.2) aufgeführten didaktischen Eckpunkte ergeben sich folgende Leitfragen für die Entwicklung sprachreflexiver Aufgaben:

a) Ist ein Komma eindeutig in seiner Funktion zu erkennen und auf diese Weise maximal einfach wahrzunehmen und zu verstehen?

b) Animieren die Aufgaben dazu, eindeutige und mithin von Anfang an zielführende Analogien und Hypothesen über die Funktion des Kommas zu bilden – und fördern die Aufgaben die Fähigkeit zur Musterselektion?
c) Bieten die Aufgaben bzw. die daran geknüpften Lernsettings Lernenden die Möglichkeit, den sprachpraktischen Nutzen des Kommas für den eigenen Leseprozess zu erfahren und zu reflektieren – um anschließend das Komma bewusst und kontrolliert zum Lösen von Leseproblemen und bei Entscheidungsfragen (*Komma ja oder nein*) beim Schreiben eigener Texte bzw. für die Selbst- und Fremdkorrektur zu nutzen? (Erwerb von integriertem und deklarativem Analysewissen)
d) Ermöglichen die Aufgaben (zumindest weiterführend) ein systematisches Verständnis des Kommas in Relation zur Leistung anderer, bereits erworbener Interpunktionszeichen?
e) Fördern die Aufgaben die Einsicht in typische Satzmuster des Deutschen (s. Kap. 1)? Bieten die Aufgaben einen guten Ausgangspunkt, um die erworbenen lesersteuernden Kenntnisse über das Komma auch auf andere Bereiche der Orthographie (z. B. satzinterne Großschreibung, Kasusendungen) übertragen zu können? (Interpunktionskompetenz als Teil der Orthographie- und Textkompetenz, s. Abbildung 9 in 4.1.)

Die folgenden, an exemplarischen Beispielen illustrierten Aufgabentypen können in Teilen bereits Ende der dritten Klassenstufe durchgeführt werden – sie eignen sich aber genauso für einen sprachreflexiven (Wieder-)Einstieg in der Sekundarstufe. Bei sehr leistungsschwachen Schülern oder Lernenden, die noch kaum die deutsche (Schrift-)Sprache beherrschen, sollte auf den Einsatz absichtlich ungrammatisch interpungierter Sätze verzichtet werden: Der intendierte Verfremdungseffekt wäre dann wirkungslos, da er das Vorhandensein kognitiver syntaktischer Muster voraussetzt, wenn nicht gar lernhinderlich, weil ein falscher Input generiert wird.[30] Mit den hier vorgestellten, exemplarischen Aufgabentypen wollen wir Möglichkeiten aufzeigen, wie sich die in 4.1 und 4.2 thematisierten unterschiedlichen Kommakompetenzen bzw. Wissenstypen systematisch vermitteln lassen. Es handelt sich dabei aber nicht um ein kleinschrittiges Curriculum – hierfür ist noch zu wenig über eventuell bestehende Zusammenhänge zwischen dem Erwerb der Kommasetzung, der Interpunktion und der Orthographie insgesamt bekannt. Deshalb bieten wir hier einen theoretisch und empirisch gut begründeten, „didaktischen Steinbruch" von unterschiedlichen Aufgabentypen an, der zum kreativen Weiterdenken und -entwickeln analoger Komma-Aufgaben anregen soll.

4.3.1 | Funktionen des Kommas beim Lesen entdecken, erkunden und verstehen

Wenn man die in (3.2) vorgestellten Aufgabentypen zur Überprüfung rezeptiver Interpunktionskompetenz (RIKo) – in leicht abgewandelter Form – in ein diskursives Lernsetting einbettet, können sie zum Erwerb integrierten (kontextualisierten) Prozesswissens beitragen. Jede der folgenden Aufgaben besteht aus einer kurzen, kontextualisierenden Vorgeschichte, die von der

[30] Wie sich herausfinden lässt, ob Kinder beim Lesen bereits über die Fähigkeit verfügen, Punkte zu verarbeiten und unterschiedliche Satzmuster zu parsen (lesend aufzukonstruieren), ist in Esslinger (2017) dokumentiert. Wie sie es lernen können, wird in Elsässer und Volz (2012), Schönenberg (2012), Esslinger (2015a); Kozinowski (2019) und Dreschinski (2016) beschrieben. Prozesswissen über die lesersteuernde Funktion des Punktes (s. 3.1.2) ist eine wichtige Basis, um das Komma in seiner (abweichenden) Funktion verstehen zu können (s. 4.3.1.).

Lehrkraft (oder einem guten Leser) vorgelesen wird und während der gesamten Aufgabenbearbeitung für alle gut sichtbar ist. Anschließend folgen verbal identische, doch unterschiedlich interpungierte Sätze – wahlweise mit oder ohne grammatischen Verfremdungseffekt.

Variante (I): Kontrastive Aufgabe mit grammatischem Verfremdungseffekt – vom Punkt zum Komma

Erwerb von integriertem Prozesswissen (Jahrgangsstufe Kl. 3 – 8)

Lena ist verzweifelt: Ihr junger Hund, den sie sich so lange gewünscht hat, schnappt dauernd. Die Nachbarn sind sehr genervt und grüßen sie schon nicht mehr. Nun hat auch noch der Vermieter gedroht, dass es so nicht bleiben kann. Lenas Freundin hat selbst einen Hund und empfiehlt ihr, zum Tierarzt zu gehen und um Rat zu fragen. Als Lena vom Tierarzt zurückkommt, fragt ihre Freundin: „Na, was hat dir der Tierarzt geraten?"

Aufgabe: Nur eine der drei Antworten passt – weißt du auch, warum?

(a) Der Tierarzt rät. Meinem Hund einen Maulkorb zu kaufen.

(b) Der Tierarzt rät, meinem Hund einen Maulkorb zu kaufen.

(c) Der Tierarzt rät meinem Hund, einen Maulkorb zu kaufen.

Aufgaben wie diese können im Plenum an der Tafel oder auch in Kleingruppen während der Freiarbeit durchgeführt werden. Sie können sogar, wenn die Kinder über genügend Wissen verfügen, als Spiel eingesetzt werden („Welcher Satz passt (nicht)?"; s. Esslinger 2018c: 23). Inhaltlich sollte im Gespräch Folgendes erarbeitet werden: Antwort (a) passt nicht, weil sie ungrammatisch ist. Das liegt daran, dass der Punkt ein grammatischer „Lesestopper" ist, der syntaktisch geschlossene Einheiten markiert: Keines der Wörter links vom Punkt darf mit den Wörtern rechts vom Punkt grammatisch verknüpft werden (vgl. Bredel 2011; Bredel & Müller 2015). Da aber das Verb <*rät*> in der Bedeutung „beraten" ein Objekt benötigt, ist Antwort (a) ungrammatisch. In Beispiel (b) markiert das Komma einen grammatischen „Zwischenstopp": Auch hier dürfen die Wörter links und rechts vom Komma nicht unmittelbar miteinander verbunden werden. Im Gegensatz zum Punkt handelt es sich beim Komma um eine vorübergehende „Grenze", da der syntaktische Verrechnungs- bzw. Leseprozess insgesamt weitergeführt werden muss. Auf diese Weise macht das Komma deutlich, welche Wörter welchem Verb zugeordnet werden müssen (hier: *rät* und *zu kaufen*). Steht das Komma an unterschiedlichen Stellen wie in Antwort (b) und (c), kann das zu einem Bedeutungsunterschied und – wie hier – auch zu einer gewissen Komik führen (nur Antwort (b) passt; in Antwort (c) bekäme der Hund den Rat, selbst einen Maulkorb zu kaufen.)

Durch den kontrastiven Aufbau mit verbal identischen, doch unterschiedlich interpungierten, kontextualisierten Sätzen wird der Leseprozess deautomatisiert und die lernerseitige Aufmerksamkeit auf die Form der Sätze gelenkt, sodass Schüler das Komma optisch bewusst wahrnehmen können. Im Verlauf eines im Klassenverband oder in Kleingruppen durchgeführten Gesprächs entdecken die Kinder, dass Satzstruktur und Satzbedeutung zusammenhängen – was dazu führt, dass in manchen Konstruktionen sogar das Komma bedeutungsunterscheidende

Funktion haben kann. (Dass dies nicht generell der Fall ist, ist den Kindern – mindestens – aus dem Schulalltag bekannt.)

Methodisch sollten während der Erarbeitung die Verben farbig oder mit Unterstreichungen markiert werden, sodass deutlich wird, welche Wörter welchem Verb zugeordnet werden müssen. Abschließend kann man thematisieren, dass die unterschiedlichen Kommapositionen beim Vorlesen zu verschiedenen Betonungsmustern führen. Doch Vorsicht: Den Schülern muss klar werden, dass das Komma ein grammatisches (und kein intonatorisches!) Zeichen ist (s. 2.1). Unterschiedliche Betonungsmuster sind stets die akustisch wahrnehmbaren Effekte zugrundeliegender kognitiver (grammatischer) Verarbeitungsprozesse. Wenn das Gespräch nur schleppend in Gang kommt, können gezielte Fragen wie die folgenden hilfreich sein:

- Zwei der drei Sätze sind richtig, doch sie bedeuten Unterschiedliches. Welche Sätze sind das?
- Kannst du mit deinen Worten sagen, was sie bedeuten?
- Was passiert in deinem Kopf, wenn du beim Lesen auf das Komma triffst?
- Warum darf nach *rät* kein Punkt stehen?
- Warum ist es nicht gut, das Komma wegzulassen? Was passiert dann beim Lesen?

Mögliche Differenzierung für Fortgeschrittene (vgl. Esslinger 2018c: 23):

- Du hast gemerkt, dass nur Antwort (b) zur Mini-Geschichte passt. Denk dir eine kleine Mini-Geschichte aus (es kann auch eine Quatsch-/Nonsense-/Märchengeschichte sein), zu der die Antwort c) passt).

Auf diesem Weg verstehen die Lernenden, was das Komma „im Kopf" macht. Konfrontiert man sie mit mehreren Aufgaben ähnlichen Typs (hier: sogenannte erweiterte „zu-Infinitive"), werden sie zu Analogie- und Musterbildungsprozessen (s. Kap. 4) angeregt und können – im günstigsten Fall – die Fähigkeit zur Musterselektion erwerben oder stabilisieren (Anregungen finden sich z. B. in Esslinger 2014: 52 f., 2015b, 2015f). Je nach sprachlichem Können und anvisiertem Lernziel können Schüler auch die folgenden Aufgaben-Varianten bearbeiten:

Variante (II): Kontrastive Aufgabe ohne grammatischen Verfremdungseffekt – mit zwei Kontexten

Wie bereits erwähnt, ist es für leistungsschwächere Lernende oder Schüler mit DaZ (Deutsch als Zweitsprache) eventuell ratsam, auf Verfremdungseffekte zu verzichten. Stattdessen werden zwei „Minigeschichten" (Kontexte) zur Verfügung gestellt, die auf jeweils eine der angebotenen Antworten passen. Neben erweiterten Infinitiven (s. Variante (a)) bieten sich für einen leserorientierten (Wieder-)Einstieg in die Kommasetzung auch herausgestellte Vokative an. An ihnen lässt sich die vorübergehende grammatische „Blockadefunktion" des Kommas gut nachvollziehen. Bei leistungsschwächeren Schülern empfiehlt es sich wieder, die „Minigeschichten" entweder von der Lehrperson oder einem guten Leser vorlesen zu lassen, den Text aber zur Verfügung zu stellen.

Erwerb von integriertem Prozesswissen (Jahrgangsstufe Kl. 3-8)

(1) Wenn Linus von der Schule nach Hause kommt, ist er oft alleine, weil seine Mutter und sein Vater noch arbeiten. Meistens steht ein leckeres Essen im Kühlschrank, das er sich warm machen kann. Doch viel lieber würde er wieder einmal gemeinsam mit seiner Mutter kochen. Heute Mittag ist Linus zwar auch alleine – aber an der Kühlschranktür hängt ein Zettel, über den er sich sehr freut:

(2) Linus hat heimlich im Fernsehen einen Gruselfilm angesehen, in dem es auf einer Insel Menschenfresser gab. In der Nacht träumt Linus schlecht: Er träumt, dass er einen Zettel findet, auf dem etwas Furchtbares steht. Er schreit – und erwacht schweißgebadet.

Aufgabe: Welchen Zettel findet Linus in der Geschichte 1), welchen in der Geschichte 2). Kannst du erklären, warum das Komma in den Sätzen (a) und (b) wichtig ist, obwohl sie ganz kurz sind?

(a) Morgen kochen wir gemeinsam Linus.
(b) Morgen kochen wir gemeinsam, Linus.
(nach Esslinger 2018c: 23)

Auch eingeschobene Nebensätze, die als etwas schwieriger gelten, können mit dem Wissen um die temporäre grammatische Verknüpfungsblockade durch das Komma – und mit Blick auf die Verben, deren Einflussbereich durch das Komma begrenzt wird, „geknackt" werden:

(1) Annas Vater wundert sich über seine Tochter: Seit Tagen sitzt sie verträumt auf dem Sofa herum, vergisst ihre Hausaufgaben – und sogar, mit ihrem Meerschweinchen zu spielen. Annas Mutter hingegen glaubt zu wissen, was mit ihrer Tochter los ist – denn sie weiß, dass seit einer Woche ein neuer Junge in Annas Klasse ist. Er heißt Tom, ist sehr nett und hübsch und wohnt im Nachbarhaus.

(2) Anna lebt gemeinsam mit ihrer Mutter in Hamburg – ihr Vater wohnt in einer anderen Stadt. Ihre Eltern haben sich getrennt, als Anna noch ganz klein war. Anna und ihre Mutter sind ein tolles Team und schaffen den Alltag ganz gut alleine. Doch in letzter Zeit unternehmen sie nicht mehr so viel zusammen – denn vor einigen Monaten ist ins Nachbarhaus ein neuer Mann gezogen. Er heißt Tom Fischer und arbeitet in derselben Firma wie Annas Mutter. Anna weiß noch nicht, wie sie ihn finden soll – er war schon drei Mal zum Abendessen bei Anna und ihrer Mutter zu Hause. Und Anna glaubt, ihre Mutter war darüber ganz glücklich.

Aufgabe: Welcher Satz (a oder b) passt zu welcher Geschichte (1 oder 2)? Kannst du erklären, warum die Kommas in den Sätzen wichtig sind?

(a) Anna vermutet, ihre Mutter ist in Tom verliebt.
(b) Anna, vermutet ihre Mutter, ist in Tom verliebt.

Dadurch, dass die beiden inhaltlichen Kontexte (1) und (2) vorgegeben sind, werden die Schüler quasi mit der Nase darauf gestoßen, dass Satzstruktur und Satzbedeutung zusammenhängen – und sie entdecken, dass das Komma für die Sinnkonstruktion wichtig ist. Sie entwickeln also integriertes Prozesswissen. Aus methodischer Sicht haben sich aufgabenbasierte Interpunktionsgespräche als hilfreich erwiesen, in denen Kinder das Komma optisch wahrnehmen lernen und im Gespräch darüber, was das Komma beim Lesen „in ihrem Kopf" macht, auch erfahren können, wozu es gut ist. Fallstudien haben gezeigt, dass sprachreflexive **Interpunktionsgespräche** (nicht nur zum Komma) bereits mit Grundschulkindern durchgeführt werden können und insbesondere schwächere Schüler davon profitieren (vgl. Esslinger 2016c, 2017, 2018a, 2018b; Kozinowski 2019). Wie so ein Gespräch ablaufen kann, sei an folgendem Gesprächsausschnitt, der in einer Kleingruppe in der vierten Klassenstufe aufgenommen wurde, illustriert:

<u>Unterrichts-Situation:</u>
Die Kinder Richard, Marlon und Eric versuchen, aus dem folgenden Satzpaar
(a) Anna vermutet, ihre Mutter ist in Tom verliebt.
(b) Anna, vermutet ihre Mutter, ist in Tom verliebt.
denjenigen Satz auszuwählen, der zu einem gegebenen Bildkontext (Anna ist in Tom verliebt) passt. Eine Lehramtsstudentin moderiert das Gespräch:

Richard: Da ist ein Komma.
Marlon: Das, würde ich sagen, [passt]: Anna, Komma, vermutet ihre Mutter [Pause] ist in Tom verliebt.
Studentin: Was würdest du sagen?
Marlon: Weil Anna, da ist ein Komma gesetzt. Das geht dann auf die Mutter hin und die meint, die Anna ist in Tom verliebt.
Richard: Ach sooo!
Studentin: Habt ihr das alle so gelesen, den Satz, wie der Marlon?
Eric (DaZ): Ach so! Ja, jetzt verstehe ich's auch (lachend).
Studentin: Kannst du es dann vielleicht auch nochmal erklären? Warum das so ist?
Eric: Ja, das ist sozusagen wie bei Punkt vor Strichrechnung [in der Mathematik]. Zuerst muss man hier das kapieren: vermutet ihre Mutter. Dann: Anna, [Pause] vermutet ihre Mutter, [Pause] ist in Tom verliebt. [...] Die hat Verständnis, weil ihre Mutter in Tom verliebt ist.
[...]
Studentin: Okay. Und wenn ihr den ersten Satz lest [gemeint ist Satz (a)]?
Marlon: Anna vermutet – Komma – ihre Mutter ist in Tom verliebt. Das hört sich so an, also wie wenn Anna [...] vermutet, dass ihre Mutter in Tom verliebt ist. [...] Durch den, was wir vorhin gemacht haben, ähm wissen wir, dass es zwei Kinder sind. Dann kann's eigentlich nicht sein, dass die Mutter in Tom verliebt ist. Von daher ist das [gemeint ist Satz (a)] unlogisch und nur hier [gemeint ist Satz (b)] das stimmt dann.
(Teile des Gesprächsausschnitts wurden bereits in (Esslinger 2016b: 164) abgedruckt; vgl. auch das Kommagespräch mit Halid in Kap. 3.3.)

Wie in verschiedenen, von Lehramtsstudierenden geführten Interpunktionsgesprächen deutlich wurde, entfalten diese – wie hier – nur dann ihr Lernpotential, wenn die Lehrkraft sowohl über Gesprächsführungskompetenz (dazu gehört z. B. auch, Schüleräußerungen abzuwarten) als auch über ein fundiertes, fachdidaktisches Wissen verfügt (um z. B. Schülerantworten zielführend weiterführen zu können). Andernfalls kann es passieren, dass Lernchancen ungenutzt bleiben oder – im schlimmsten Fall – sogar verhindert werden (vgl. Esslinger 2018b).

Variante (III): Kontrastive Aufgabe – Komma versus Semikolon/Doppelpunkt

In den Varianten (I) und (II) führen die unterschiedlichen Kommapositionen im Satz zu Bedeutungsunterschieden. Wenn man indes an ein und derselben Stelle unterschiedliche Interpunktionszeichen setzt (z. B. wahlweise ein Komma, Semikolon oder einen Doppelpunkt), dann können Lernende die spezifische lesersteuernde Leistung des Kommas auch im Vergleich zu anderen Interpunktionszeichen erfahren.

Dies sei an folgendem Beispiel (nach Aufgabenvariante I) gezeigt – auch hier könnte man zur Erleichterung noch einen zweiten Kontext einfügen (s. Aufgabenvariante (II)) – oder, um es schwieriger zu machen, eine dritte Antwortmöglichkeit:

Erwerb von integriertem Prozesswissen (Jahrgangsstufe 3-8)

Piedro arbeitet als Clown und jongliert im Zirkus. Für seinen Auftritt braucht er dringend brennbare Keulen. Da brennbares Wurfmaterial sehr teuer ist, muss Piedro bei seiner Einkaufsliste für den Zirkusdirektor immer angeben, ob er brennbare oder nicht brennbare Gegenstände benötigt. Piedro überlegt ganz genau, was er außer den brennbaren Keulen noch braucht: Das sind Ringe und Ketten, die aber nicht brennbar sein sollen. Außerdem benötigt er noch rote Bälle, rote Würfel und rote Sandsäckchen, die auch nicht brennen sollen.
Piedro schreibt einen Einkaufszettel für den Zirkusdirektor. Mit welcher Bestellung bekommt Piedro ganz sicher genau das, was er braucht? Woran liegt das? Kannst du erklären, welche Rolle das Semikolon und das Komma dabei spielen?

Ich brauche:
(a) Brennbare Keulen, Ringe und Ketten; rote Bälle; Würfel und Sandsäckchen.
(b) Brennbare Keulen; Ringe und Ketten; rote Bälle, Würfel und Sandsäckchen.

Da das Komma sowohl für lexikalische als auch für syntaktische Informationen durchlässig ist (s. 3.1), kann bei Antwort (a) das Attribut „brennende" auch auf <Ringe> und <Ketten> bezogen werden. Da das Semikolon (Strichpunkt) keine lexikalischen (inhaltlichen) Informationen der Vorgängereinheit durchlässt, wird in Antwort (a) nur die Farbe der Bälle eindeutig als rot festgelegt, über die Farbe der Würfel und Sandsäckchen wird nichts ausgesagt. Deshalb bekommt Piedro nur mit der Bestellung (b) genau die Dinge, die er braucht – vorausgesetzt, der Zirkusdirektor verfügt über rezeptives Prozesswissen und kann Kommas und Semikola beim Lesen verarbeiten (zum Semikolon vgl. Bredel 2008, 2011; kritisch dazu Rothstein 2016, Mesch 2016b).

Für fortgeschrittene Schüler in der Sekundarstufe kann auch das folgende Brecht-Zitat didaktisch nutzbar gemacht werden, wenn man es unterschiedlich interpungiert. Die Schüler erarbeiten gemeinsam, welche Lesarten in den einzelnen Varianten möglich sind – und warum (nach Bredel 2008, 2011):

(1) (a) Der Mensch denkt, Gott lenkt.
(b) Der Mensch denkt: Gott lenkt.
(c) Der Mensch denkt; Gott lenkt.
(d) Der Mensch denkt. Gott lenkt.

ad (a)	Der Mensch denkt, Gott lenkt.	(Lesart I: Der Mensch denkt, dass Gott lenkt; Lesart II: Der Mensch denkt. Aber Gott lenkt.)
ad (b)	Der Mensch denkt: Gott lenkt.	(nur Lesart I möglich)
ad (c)	Der Mensch denkt; Gott lenkt.	(nur Lesart II möglich)
ad (d)	Der Mensch denkt. Gott lenkt.	(nur Lesart II möglich)

(Vgl. zu den lesersteuernden Funktionen von Punkt, Komma, Semikolon und Doppelpunkt 3.1.2).

4.3.2 | Einsichten in Satzmuster gewinnen

Nach dem von uns verfolgten Ansatz bedeutet Kommakompetenz, das Komma nicht nur für den Schreibprozess, sondern auch während des Lesens als satzstrukturierendes Zeichen zu begreifen. Der Leser erhält den Hinweis, dass die Satzstruktur unterbrochen wird, was man gemeinhin als Aufzählung, Herausstellung oder Satzgrenze bezeichnet (s. Kap. 1). Eine Perspektive auf das Komma als Entsprechung von Intonationsverläufen halten wir für nicht angemessen, wie wir in 2.1 ausgeführt haben. Aufgrund der eindeutigen Regelung der AR, in dem die satztrennende Funktion des Kommas klar geregelt und strukturell wenig Ausnahmen generiert werden, ist dieser Ansatz für die Kommavermittlung im Deutschunterricht aus unserer Sicht zu präferieren. Dass Müller (2007) in seiner Untersuchung zur Kommakompetenz eher ernüchternde Ergebnisse erzielt hat, ist für uns kein Gegenargument; denn einerseits konnten wir in Kapitel 2 zeigen, dass der syntaktische Ansatz gegenüber nicht-syntaktischen zuverlässiger ist, andererseits gilt es, bei Schülern die zu Beginn dieses Kapitels dargestellten Wissensgrundlagen zu entwickeln, um sie für den Schreib- und Leseprozess verfügbar zu haben. Dieser Aspekt wiederum war kein Bestandteil von Müllers Untersuchung.

Das folgende Arbeitsblatt bietet Anregungen für eine praktische Umsetzung des Lernziels, Einsichten in die syntaktische Steuerung des Kommas beim Lesen aufzubauen.

Arbeitsblatt 1
(Integriertes Prozesswissen, Jg. 7-10)

Aufgabe:
In den folgenden Sätzen fehlen die Kommas. Lies sie dir aufmerksam durch. In einigen Fällen gibt es zwei richtige Lesarten. Schreibe beide auf.
Überlege, an welcher Stelle/welchen Stellen im Satz du mit einem Komma den Leser darauf hinweisen kannst, den Satz von Anfang an richtig zu lesen.

(a) Lisa verspricht ihrer Mutter nach der Schule beim Aufräumen zu helfen.
(b) Anne denkt ihre Freundin hat einen Knall.
(c) Die Kinder glauben dem Lehrer heute nichts vorschwindeln zu können.
(d) Jan bat seine Freunde nach dem Sport noch nachhause begleiten zu dürfen.
(e) Die Politiker sagen die Menschen engagieren sich sehr für ihr Land.

4.3.3 | Kommas beim Schreiben setzen

Ein Vorschlag, wie integriertes Prozesswissen beim Schreiben aufgebaut und geübt werden kann, liegt mit einem Unterrichtsmodell von Bredel & Hlebec (2015) vor. Auch dabei steht das Verb im Zentrum: Die Schüler lernen zunächst, finite Verben (also Verben mit Personalendungen) in Rätselaufgaben zu identifizieren, die dem in Kap. 4.1 zitierten Aufgabenformat von Funke (2005) folgen: Alle vier Sätze passen zu einem kurzen Einleitungssatz, aber nur bei einem stellt die markierte Einheit (hier: RUFEN) ein finites Verb dar. Dieses „Schwarze Schaf" (Melzer 2011) sollen die Schüler finden und ankreuzen.

(1) Kleine Seehunde geben ab und zu heulende Töne von sich.
- o Mit diesen RUFEN locken sie die Mutter zu sich.
- o Mit diesen RUFEN sie die Mutter herbei.
- o Mit diesen RUFEN machen sie auf sich aufmerksam.
- o Mit diesen RUFEN haben sie sich den Spitznamen „Heuler" verdient.

(nach Bredel & Hlebec 2015: 39 unter Rekurs auf Funke 2005 und Melzer 2011)

In einem zweiten Schritt konstruieren die Schüler selbst solche „Schwarzes-Schaf-Aufgaben" und schreiben sie auf – wobei das Verb jeweils mit einem farbigen Stift geschrieben wird. Anschließend schreiben die Schüler vorgegebene Sätze mit zwei finiten Verben ab, wobei sie bei jedem finiten Verb den Stift wechseln. Dadurch nehmen sie sprachliche Strukturen bewusster wahr – und können dann entscheiden, welche Wörter/Phrasen zu welchem Verb gehören, und an dieser Stelle das passende Komma setzen. Wer mit dem Stiftwechsel nicht gut zurechtkommt, kann das Verb auch direkt, wenn es geschrieben wird, unterstreichen oder umkreisen.

(2) Kerstin erwartet dass die Gäste jeden Augenblick eintreffen.

↓

Kerstin erwartet, dass die Gäste jeden Augenblick eintreffen. (nach Bredel & Hlebec 2015: 37)

Im Anschluss an die Schreibaufgabe können im Gespräch die kommatierten sprachlichen Strukturen auch terminologisch gefasst werden (s. 3.1).

Schreiben ist prozessual vom Lesen nicht zu trennen, da der Schreiber, insbesondere beim Überarbeiten, zum Leser seines eigenen Textes wird. Insofern muss es für den Schreibprozess darum gehen, die Lesersicht als einen inneren Monitor zu aktivieren, im günstigsten Fall bereits während des Schreibprozesses. Die dabei erforderliche Wissensform ist vor allem autonomes Prozesswissen, das abgerufen wird, um die Bearbeitung von Aufgaben bewusst zu steuern und zu begleiten. In Arbeitsblatt 2, das wir auf Grundlage eines Unterrichtsmodells von Tröster-Mutz (2018) entwickelt haben, stellen die Schüler Sätze so um, dass Haupt- und Nebensatz ihre Reihenfolge tauschen. Anschließend reflektieren sie über die Satzstrukturen und die Position, die das Komma jeweils einnimmt. So entwickeln sie ein Bewusstsein dafür, dass Satzstruktur und Kommaposition interagieren.

Im dritten Arbeitsblatt denken die Schüler über das finite Verb und seine Mitspieler (Ergänzungen und Angaben) nach. Entsprechend dem Königreich-Modell von Lindauer (s. Kap. 2.5) setzen sie das Komma bewusst als „Grenzmarkierung" zwischen den Teilsätzen. Die Grenze kann dabei nur über die Verbvalenz ermittelt werden. Auch hier lernen die Schüler also, dass Satzstruktur und Kommaposition einander bedingen. In den Arbeitsblättern 4(A-C) haben wir die von Belke für den integrativen Sprachunterricht entwickelte Methode des „generativen Schreibens" aufgegriffen und für das Komma weiterentwickelt (vgl. z. B. Belke 2012). Dabei werden den Lernenden in der didaktischen Tradition des Scaffolding (wörtlich: Gerüstbau) grammatisch korrekte (hier: kommatierte) Sätze angeboten. Die Schüler erkunden deren zugrundeliegende Struktur und schreiben (generieren) anschließend strukturell identische, aber lexikalisch (d.h. in der Wortwahl) unterschiedliche Sätze. Diese Aufgaben zielen nicht nur auf den Erwerb von autonomem Prozess-, sondern auch von integriertem Analysewissen, wodurch den Lernenden beim Übergang vom Kommalesen zum Kommaschreiben[31] in besonderer Weise die Hand gereicht wird. Darüber hinaus sind diese Aufgaben für eine grammatiksensible Sprachförderung insgesamt anschlussfähig (vgl. ebd.).

Arbeitsblatt 2: Sätze umstellen

(Autonomes Prozesswissen; Jahrgangsstufe 5-7)

Sätze bestehen oft aus einer Verbindung von Haupt- und Nebensatz, die durch ein Komma getrennt werden. Der Leser weiß dadurch, wie er den Satz gliedern muss und kann ihn so viel schneller verstehen.

Da Haupt- und Nebensatz auch in umgekehrter Reihenfolge stehen können, ist die Position des Kommas nicht fest mit einem bestimmten Wort verbunden. Probier es in den folgenden Sätzen einmal aus, indem du sie wie im Beispiel umstellst und das Komma an die richtige Stelle setzt. Was passiert mit der Reihenfolge der Wörter im Satz?

Beispiel:

Ich wünsche mir, dass ich nur noch Einsen schreibe.
□ Dass ich nur noch Einsen schreibe, wünsche ich mir.

Paul und Paula wissen noch nicht, was sie heute machen sollen.

____.

Sie hoffen beide, dass das Schwimmbad geöffnet ist.

____.

Wenn ihre Freunde auch dort sind, gibt es jede Menge Spaß.

____.

Wie lange sie im Schwimmbad bleiben, wollen die beiden spontan entscheiden.

____.

[31] Der Ansatz vom Kommalesen zum Kommaschreiben findet sich zunehmend in aktuelleren Arbeiten, vgl. z. B. Wielenberg 2020 zur Interpunktionskompetenz insgesamt.

Arbeitsblatt 3:

(Autonomes Prozesswissen; Jahrgangsstufe 6-8)

Aufgaben:

1. Finde in den Sätzen zunächst das finite Verb und kreise es ein. Bei komplexen Verben kreise außerdem den infiniten Verbteil gestrichelt ein.
2. Finde zu jedem Verb die Mitspieler und unterstreiche sie (für jedes finite Verb in unterschiedlichen Farben).
3. Setze zwischen die beiden Verbgruppen ein Komma.

Beispiele:

(a) Lisa freut sich auf den Film den sie sich im Kino anschauen will.
   1. Schritt: Lisa freut sich auf den Film den sie sich im Kino anschauen will.
   2. Schritt: Lisa freut sich auf den Film den sie sich im Kino anschauen will.
   3. Schritt: Lisa freut sich auf den Film, den sie sich im Kino anschauen will.

(b) Dass es noch freie Plätze gibt ist aber noch nicht sicher.
(c) Aber sie hat Glück das Kino ist nicht ausgebucht.
(d) Der Vorhang öffnet sich die Vorführung beginnt.
(e) Nachdem die Werbung angelaufen ist kommt die Servicekraft in den Saal.
(f) Sie ist genervt weil die Werbung so lange dauert.
(g) Der Gedanke dass der Film traurig endet erfreut sie nicht gerade.
(h) Ohne den Schluss abzuwarten bricht sie schon einmal auf.

Arbeitsblatt 4A[32]

(Integriertes Analysewissen; Jahrgangsstufe 4-8):

1) Lies das folgende Gedicht zum Nachdenken und Mitmachen

Wörter und Bilder (Hans Manz)

Das Wort Stein
dem und jenem,
jener und dieser in den Mund gelegt:
Einem Maurer,
einer Gärtnerin,
einem Friedhofbesucher,
einer Ärztin,
einem Zahnarzt,
einer Kirschenesserin,
einem Mühlespieler,
einer Juwelenhändlerin,
einem Hartherzigen,
einer Bildhauerin
und zugesehen,
wie sich die Bilder zum immer gleichen Wort verändern.

2) Die aufgeführten Personen meinen, wenn sie das Wort „Stein" sagen, unterschiedliche Dinge. Das kann man in unterschiedlicher Weise formulieren – hier findest du drei mögliche „Satzmuster". Die Verben sind immer fett gedruckt:

Satzmuster 1

Sagt ein Maurer das Wort Stein, **denkt** er an einen Ziegelstein.
Sagt ein Friedhofsbesucher das Wort Stein, **denkt** er an einen Grabstein.
Sagt eine Juwelenhändlerin das Wort Stein, **denkt** sie an einen Edelstein.

Das Satzmuster (die Struktur) dieser Sätze kann man mit einer Satzleiste darstellen:

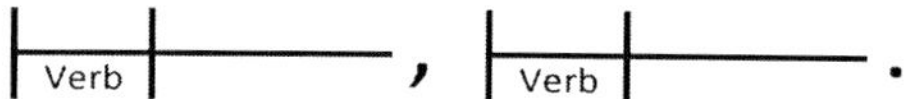

Satzmuster 2:

Wenn ein Maurer das Wort Stein **sagt**, **denkt** er an einen Ziegelstein.
Wenn ein Friedhofsbesucher das Wort Stein **sagt**, **denkt** er an einen Grabstein.
Wenn eine Juwelenhändlerin das Wort Stein **sagt**, **denkt** sie an einen Edelstein.

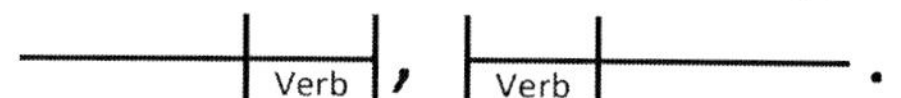

Satzmuster 3:

Bei dem vermeintlich eindeutigen Wort Stein **denkt** ein Maurer an einen Ziegelstein.
Bei dem vermeintlich eindeutigen Wort Stein **denkt** ein Friedhofsbesucher an einen Grabstein.
Bei dem vermeintlich eindeutigen Wort Stein **denkt** eine Juwelenhändlerin an einen Edelstein.

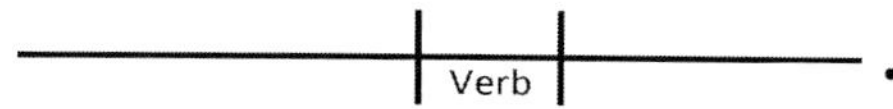

[32] Nach einer Idee von Belke (2012:166 f.), die hier für das Komma weiterentwickelt wurde.

Arbeitsblatt 4B (Integriertes Analysewissen)

3) Schneide die unten stehenden Satzbausteine aus und lege sie in passender Weise in die drei Satzleisten. Es geht um das Wort „Flügel", das von unterschiedlichen Personen gesprochen wird.

Frage: Manche Satzbausteine kommen in jeder Satzleiste vor. Welche sind das und woran liegt das? (Es passen also nicht immer alle Satzbausteine in jede Satzleiste.)

Hinweis: Diesmal umfassen die Satzleisten zwei Zeilen. Es handelt sich aber immer noch um dieselben Satzmuster wie in Aufgabe 2. Die Verben erkennst du daran, dass sie fett gedruckt sind.

Satzleiste 1: | Verb | ____________________ ,
| Verb | ____________________ .

Satzleiste 2: ____________________ | Verb | ,
| Verb | ____________________ .

Satzleiste 3: ____________________ | Verb |
____________________ .

SAGT | SIE | BEI DEM VERMEINTLICH EINFACHEN WORT FLÜGEL

EINE PIANISTIN | AN EINE ART KLAVIER | ER

DENKT | AN EINEN FLUGZEUGFLÜGEL

EIN PILOT | AN EINEN FLÜGEL MIT FEDERN | WENN

EIN VOGELEXPERTE | DAS WORT FLÜGEL

Arbeitsblatt 4C (Autonomes Prozesswissen und integriertes Analysewissen)
(Jahrgangsstufe 4-8)

4) **Schreibe nun die Sätze aus Aufgabe 3) in dein Heft**
   - Achte auf die korrekte Groß- und Kleinschreibung.
   - Unterstreiche die Verben und markiere das Komma farbig.

5) **Nachdenkaufgaben für Kommaforscher:**

   a) Vergleiche nochmals die drei Satzmuster.
   In welchen der Satzmuster (vgl. die Satzleisten in Arbeitsblatt 4B) steht ein Komma, in welchem nicht?
   Kannst du erklären, warum das so ist? Schreibe deine Erklärung in dein Heft.
   (Wenn du magst, kannst du sie mit deinem Nebensitzer vergleichen und darüber sprechen: Was habt ihr gleich beantwortet, was nicht – was ist richtig und warum?)

   b) Peter und Hamide diskutieren über die Kommasetzung im Deutschen. Peter sagt Folgendes:
   „Sätze mit Kommas sind immer länger als Sätze ohne Komma. Und im Deutschen steht nach dem Komma immer ein kleines Wort wie *weil* oder *dann*
   z. B.: Wenn man einen Blitz sieht, dann folgt kurz darauf der Donner."
   Hamide schüttelt den Kopf – sie ist ganz anderer Meinung.
   Erkläre, warum Peter nicht recht hat – und schreib in dein Heft, was Hamide Peter sagen könnte.

6) **Aufgaben zum Weiterschreiben:**
   Schreib zu jedem der drei Satzmuster (vgl. die Satzleisten in Arbeitsblatt 4B) zwei eigene Sätze in dein Heft.
   In der folgenden Tabelle findest du einige Ideen – du kannst dir natürlich auch andere Wörter aussuchen.

   Markiere jeweils die Verben und das Komma farbig.

Wort	Personen
(das Herz)	ein Arzt, ein Kind, ein Verliebter, ein Lebkuchenverkäufer auf dem Jahrmarkt
(die Karte)	ein Bahnbeamter, ein Wanderer, ein Mau-Mau-Spieler, eine Erdkundelehrerin
(der) Absturz	ein Pilot, ein Computerspieler, ein Kletterer, ein Börsenspekulant
(der Stoff)	eine Schneiderin, ein Dichter, eine Chemikerin, ein Drogenabhängiger

5 | Blick über den Tellerrand – zu den Chancen und Grenzen weiterer, aktueller Ansätze

Dass die bis heute übliche Vermittlung von deklarativem Regelwissen anhand von Merksätzen bei Lernenden aller Altersstufen weder zu sprachpraktischem Können (Prozesswissen) noch zu Problemlösen (Analysewissen) beim Komma-Lesen oder -Schreiben führt, haben zahlreiche empirische Studien gezeigt (s. Kap. 1). Wie wir in Kapitel 2 und 3 ausführlich dargestellt haben, können dafür sowohl schrifttheoretische Widersprüche (s. Kap. 2) als auch lernpsychologische Gründe (s. Kap. 3) verantwortlich gemacht werden. Darauf aufbauend und durch empirische Erkenntnisse gestützt, kamen wir zu dem Schluss, dass eine erfolgreiche Kommadidaktik nicht an der Vermittlung deklarativen Analysewissens, sondern an der Vermittlung integrativen Prozesswissens ansetzen muss (s. 4.1 und 4.2) und dabei der Weg vom Lesen über die Reflexion des eigenen Leseprozesses und die Einsicht in den Bau unterschiedlicher Satzmuster zum Schreiben führt (s. 4.3). Bei der Einsicht in syntaktische Muster geht es zunächst um integriertes Analysewissen, das ohne grammatische Terminologie auskommt. Deshalb kann die hier vorgestellte, sprachreflexive Kommadidaktik bereits in der Grundschule beginnen.

Andere Autoren und Autorinnen haben aus der empirisch belegten Tatsache, dass die Vermittlung deklarativen Wissens bei der Kommasetzung nicht hilfreich ist, andere Schlüsse gezogen. Auch wenn wir sie aus den in den oben dargelegten Kapiteln zu entnehmenden Gründen für wenig plausibel halten, seien sie im Folgenden der Vollständigkeit halber skizziert.

5.1 | „Natürlicher" Strategiewechsel? Von der Prosodie über die Semantik und die Lexik zur Syntax?

Aktuell erlebt der intonatorisch-prosodische Ansatz, der davon ausgeht, dass die Schrift die gesprochene Sprache abbildet und mithin das Komma Pausengrenzen anzeige (s. 2.1), eine (scheinbar) entwicklungspsychologisch motivierte Renaissance. So nehmen z. B. Sappok und Naumann an, dass ein grammatischer Zugang zur Kommasetzung für Grundschüler generell nicht sinnvoll, da zu schwer sei (vgl. Sappok & Naumann 2016). Ausgehend von der Annahme[33], die geschriebene Sprache bilde die gesprochene Sprache ab, vertreten Sappok und Naumann die Ansicht, dass das Komma häufig an Sprechpausen stehe. Darüber hinaus nehmen sie einen „natürlichen" Zugang der Kinder zur Kommasetzung an, der von der satzlängenabhängigen Intonation (nach ca. 10 Wörtern hätten Kinder das Bedürfnis, ein Komma zu setzen bzw. eine Pause zu machen) über die Semantik (Kennzeichnung von Sinnabschnitten) zur Syntax verlaufe (vgl. ebd.; Sappok 2011). Aus didaktischer Sicht fragen sich Sappok und Naumann, wann ein

[33] Vgl. den Überblick über verschiedene „Theoriefamilien" zur Interpunktion in Bredel and Hlebec (2019).

Komma „maximal leicht" sei – und kommen zu dem Schluss, dass dies dann der Fall sei, wenn an einer Kommastelle intonatorische (Pause), semantische (Sinnabschnitt) und syntaktische Grenze (Satz) zusammenfallen. Methodisch müsse man, so Sappok und Naumann,

> „die verschiedenen Gliederungsmotive (prosodisch, syntaktisch, semantisch etc.) bezüglich ein- und desselben sprachlichen Kontexts maximal [...] synchronisieren, das heißt bildlich gesprochen, mit jedem erdenklichen Zaunpfahl in dieselbe Richtung [...] winken." (Sappok & Naumann 2016: 116)

Nach und nach würden die Kinder immer eine andere „Kommabrille" aufsetzen (erst die intonatorische, dann die semantische, dann nur noch die syntaktische). Damit folgen sie einem Kompetenzmodell, das Müller (2007) im Rahmen einer statistischen Untersuchung entwickelt hat:

> „Auf der Kompetenzstufe 1, auf der immerhin noch ein Viertel der Achtklässler, aber nur noch 5% der Zwölftklässler lagen, ist eine hinreichende Kommatierungswahrscheinlichkeit nur dann gegeben, wenn Wort- und Pausensignale einen Hinweis auf die Kommarelevanz liefern. [...] Schon auf Kompetenzstufe 2 wird für die meisten kommarelevanten Strukturen nur noch ein Hinweissignal benötigt, auf Kompetenzstufe 3 gelingt die Kommatierung auch ohne akustische oder visuelle Signale, sofern semantisches und syntaktisches Prinzip einander nicht entgegenstehen." (Müller 2007: 257)

Als Kernstück ihrer prosodisch ausgerichteten Didaktik bieten Sappok und Naumann Lernenden sogenannte „Ein-Satz-Gedichte" an wie

> „KÄPT'N HELGE HÄNGEMATTE GAB DER MÖWE ZUCKERWATTE WEIL SIE HEUT' GEBURTSTAG HATTE." (Sappok & Naumann 2016: 123)

Diese sollen von den Schülern nach unterschiedlich langen Pausen (Viertelpause, halbe Pause und ganze Pause vs. keine Pause) beim Lesen gegliedert werden (syntagmatisches Segmentieren): Halbe Pausen seien für die Kommasetzung relevant, die kürzeren und längeren nicht (vgl. Sappok & Naumann 2016: 122 f.). Für die Pausen werden je eigene Symbole eingefügt – zunächst ein Kreis mit vier „leeren" Vierteln, die dann entsprechend der persönlichen Wahrnehmung von Pausenlängen beim leisen Lesen (oder eben zu dessen Vorbereitung) ausgefüllt werden. Sappok und Naumann (2016) begründen ihr didaktisches Vorgehen mit natürlichen Erwerbsfolgen, wobei sie sich auf die Studie von Müller (s. o.) sowie auf eigene empirische Untersuchungsdaten stützen.

Was aus unterrichtsmethodischer Sicht durchaus einleuchtend klingt, wirft bei näherem Hinsehen eine Reihe von Problemen auf:

Erstens: Das *maximal leichte Komma*, das sich durch den Zusammenfall von Intonations- und Satzgrenze und das gleichzeitige Vorhandensein von Signalwort und Bedeutungseinheit auszeichnet, ist für die meisten Schreiber wohl eher unproblematisch. Zweifel entstehen eher dort, wo diese Hinweise nicht so eindeutig sind. Insofern ist es ein didaktischer Zirkelschluss, das Kommaproblem mit dem lernpsychologisch (vermeintlich) Einfachen lösen zu wollen, da Schwierigkeiten naturgemäß bei den komplexeren Strukturen auftreten. Im Sinne eines problem- und verständnisorientierten Unterrichts sollten syntaktische Strukturen didaktisch nutzbar gemacht werden, an denen die Schülerinnen und Schüler die Notwendigkeit der Kommasetzung für ein effektives Satzverständnis erfahren können und mithin diejenigen Satzmuster kennen lernen, die für die Kommasetzung maßgeblich sind. Dabei könnte eine Erkenntnis sein, dass die Intonation mitunter Kommasetzungen suggeriert, wo es keine syntaktische Notwendigkeit gibt. Die von Müller (2007) in seiner Studie erhobenen Selbstauskünfte über die Nutzung intonatorischer und semantischer Strategien sind nicht unbedingt zuverlässig. So weist Funke (2014: 437) darauf hin, dass Selbstauskünfte und Begründungen von Schülern immer mit Vorsicht zu genießen seien und sich hinter geäußerten semantischen Kriterien durchaus syntaktische Strategien verbergen können.

Zweitens: Der Einstieg über Prosodie und Intonation, wie Sappok und Naumann es vorschlagen, könnte eine zielführende Analogiebildung erschweren. Denn wie die Extinktionsforschung [34] belegen konnte, und wie die Autoren selbst schreiben, wenn man Kinder an dem „Bahnhof“, an dem sie gerade stehen, abholen will, dann haben sie dort manchmal schon kräftige Wurzeln geschlagen. Mit anderen Worten: Wer einmal intonatorische Analogien gebildet hat, ist nicht leicht auf den syntaktischen Weg zu bringen. Diese Problematik erkennt auch Müller, wenn er schreibt:

> „Die Bedeutung von korrelierenden Signalen wie Pausen und Signalwörtern [...] liegt also vor allem in der Unterstützung der angemessenen Selektion kommarelevanter semantischer und syntaktischer Gliederungsebenen. Sie bilden eine Art „Krücke“ zur Erlangung der Zielkompetenz, eine Art intonatorisches und konjunktionales *bootstrapping*[35], das immerhin so entscheidend ist, dass die Schreibenden auf einer bestimmten Entwicklungsstufe kaum darauf verzichten können. Unter Umständen kann das soweit gehen, dass die implizite Überzeugung reift, Pausen und Signalwörter seien die eigentlichen Gründe der Kommasetzung. **In der Verteilung der Kompetenzstufen war [...] eine Art Stauung beobachtet worden, die einen Hinweis darauf liefern könnte, wie schwer es den Probanden fällt, diese „Krücke“ wegzuwerfen und intonatorischen wie Wortsignalen nicht mehr den entscheidenden Stellenwert einzuräumen.**“ (Müller 2007: 257; Fettdruck von G.E./C.N.).

Auch Wielenberg (2020) kommt in ihren theoretischen Analysen zur Interpunktionskompetenz zu der Auffassung, dass es „Konsistenz und Widerspruchsfreiheit“ sind, die „besondere Berücksichtigung in der didaktischen Konzeption erfahren sollten“ (ebd.: 52). Unter Bezug auf die bereits zitierte Studie von Metz (2005) kommt Müller zu folgendem Schluss:

> „Die entscheidenden Anstöße zur Entwicklung der zunehmenden Unabhängigkeit von Signalen und zunehmenden Beachtung [...] syntaktischer Strukturzusammenhänge liefert nicht unbedingt die unterrichtliche Instruktion, sondern vermutlich der sich immer weiter verstärkende und differenzierende Umgang mit geschriebener Sprache, also vermutlich weiterhin eher implizite Lernmechanismen.“ (Müller 2007: 258)

Genau an diesem Punkt (bei der geschriebenen Sprache und ihrer Verarbeitung beim Lesen), setzt der in Kap. 4 vorgeschlagene sprachreflexive Ansatz an.

Auch Stark geht mit Bezug auf Sappok und Müller von einer natürlichen Erwerbsfolge bei der Kommasetzung aus, die von der Intonation über die Semantik zur Syntax führe – jedoch schlägt Stark ein anderes methodisches Vorgehen vor (vgl. Stark 2019). In der Tradition der aus der

34 Die Extinktionsforschung, die sich mit dem Verlernen bzw. der Löschung gelernter Verhaltensmuster befasst, ging aus der psychologischen Schule der operanten Konditionierung hervor. Für einen Überblick vgl. Vollmer & Athens (2011).

35 Bootstrapping = Steigbügelfunktion

Mathematikdidaktik bekannten Methode des „Productive failure" stellt Stark der eigentlichen Instruktionsphase (hier: Interpunktion von Satzgefügen) eine Problemlösephase voran, die der Aktivierung des Vorwissens der Lernenden dienen soll. Diese Problemlösephase soll „zur Bewusstmachung der induktiv erworbenen, impliziten Strategien beitragen, die Lernende schon in der Grundschule ausbilden" (Stark 2019: 57). Auf diese Weise sollen die Schreibenden erkennen,

> „an welchen Stellen in ihren Texten implizite Strategien und syntaktische Gegebenheiten sich insofern widersprechen, als sie zu unterschiedlichen Zeichensetzungen führen würden." (ebd.)

Dieses Vorgehen birgt dieselben fraglichen Punkte, wie die Vorschläge von Sappok und Naumann, ist aufgrund seiner sprachreflexiven Methodik jedoch gut mit den Befunden von Dauberschmidt (2016) vereinbar, die aufgrund beobachteter Kommasetzung zu der Einschätzung kommt, dass Schülerinnen und Schüler früher als das Kerncurriculum es ihnen zugesteht, nämlich bereits am Übergang von der Grundschule zur Sekundarstufe I, komplexe Sätze zum Teil mit korrekter Kommatierung produzieren.

5.2 | Ein Algorithmus für die Kommasetzung

Obgleich die syntaktischen Strukturen, die ein Komma erfordern, relativ eindeutig geregelt sind, zweifeln Schreiber häufig, ob an bestimmten Stellen im Satz wirklich ein Komma zu stehen hat. In diesem Band haben wir uns auf Prozess- und Analyseroutinen fokussiert, die die Kommasetzung und die Satzinterpretation im Schreib- bzw. Leseprozess steuern, und dargestellt, wie Kommakompetenz und syntaktisches Wissen miteinander interagieren. Für die Überarbeitung von Texten kommt es zusätzlich darauf an, Methoden zu finden, die in Zweifelsfällen die richtige Entscheidung für oder gegen ein Komma zu treffen helfen. Der Regelkatalog der DUDEN-RS ist im Grunde genau für solche Fälle vorgesehen: Schreiber sollen bei Unklarheiten nachschlagen können und Antworten auf ihre Fragen finden. Wie wir in 3.1 zeigen konnten, ist die Systematik der DUDEN-RS jedoch sehr voraussetzungsreich und erschwert sowohl den raschen Zugriff auf die Lösung als auch die Einsichtnahme in die hinter der Schreibung liegende Systematik. Sogenannte Entscheidungsbäume können insbesondere für Lernende der Sekundarstufe eine didaktische Hilfestellung bieten, indem sie Zugriff und Systematik integrieren; einen entsprechenden Vorschlag hat Bredel (2015) zum Komma zwischen Sätzen vorgestellt.

Um zu eruieren, ob es möglich ist, mithilfe eines „Komma-Algorithmus" zum Beispiel bei der Textüberarbeitung Kommatierungsprobleme zu lösen, werden wir im Folgenden ein Modell vorstellen, welches den Anspruch erhebt, jedes der in Kapitel 1 vorgestellten drei Grundmuster (Komma bei Aufzählungen, bei Herausstellungen und zwischen Sätzen) zu berücksichtigen. Ausgehend von einer beliebigen Satzstruktur, in der der Schreiber ein Komma vermutet, hat er die Aufgabe, binäre Entscheidungen (ja oder nein) zu treffen. Die Entscheidungen in unserem Modell sind an die strategischen Ansätze gebunden, die wir aus den genannten Gründen für adäquat halten (z. B. Valenzrahmen eines Verbs, Mehrfachbesetzung einer syntaktischen Einheit etc.).

Im Anschluss stellen wir Aufgaben vor, mit denen der Algorithmus im Unterricht durchgespielt werden kann. Dabei ist es wichtig, dass dieser Prozess reflexiv geschieht, d.h. die Schüler sich darüber bewusst werden, welche Abzweigungen zu welchen Kommatierungen führen bzw.

wann ein Satz ohne Komma bleibt, unabhängig von der Anzahl aufeinanderfolgender Wörter oder eventuellen Pausen.

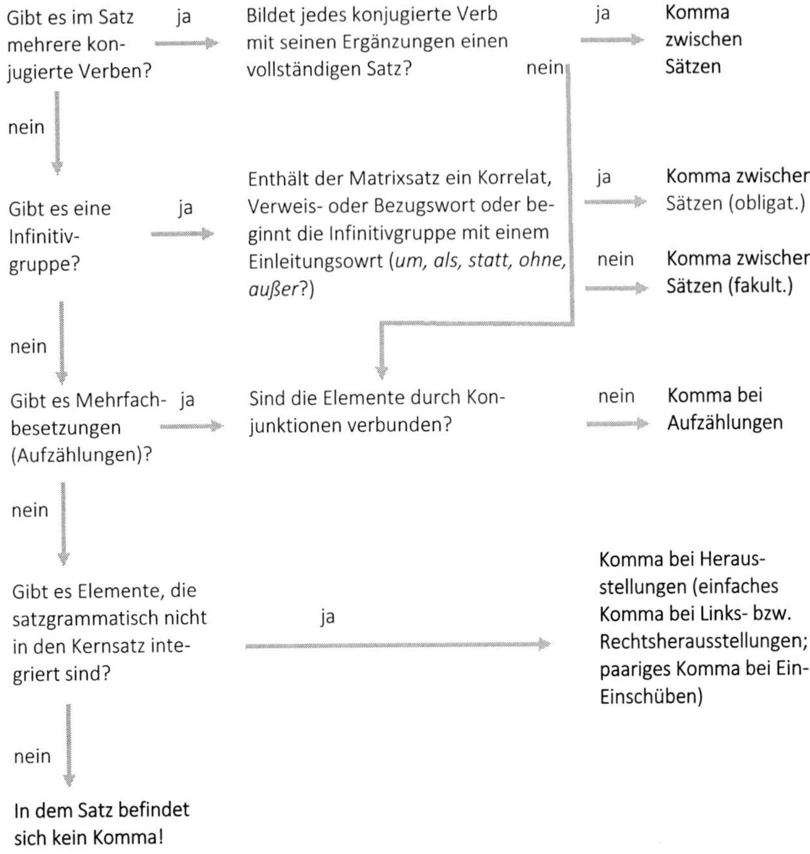

Abbildung 11: Ein Algorithmus für die Kommasetzung (Esslinger/Noack)

Übung

Beim Schreiben kommt es vor, dass wir nicht sicher sind, ob an einer bestimmten Stelle ein Komma stehen muss oder nicht. In den Beispielsätzen a-h sind solche Stellen markiert. Spielen Sie die Sätze mit dem Diagramm durch, setzen Sie die Kommas und bestimmen Sie die Kategorie (A = Aufzählung; S = Komma zwischen Sätzen bzw. satzwertigen Elementen; H = Komma bei Herausstellungen; / = kein Komma). Tragen Sie die Kürzel für die jeweilige Kategorie auf der Linie hinter dem Komma ein.

(a) Ich fahre nach Hamburg __ in die USA __ auf den Mond __ nachhause. ____

(b) Nach drei Monaten auf See __ hoffen die Matrosen __ auf baldige Heimkehr. ____

(c) Weil sie keine Lust auf Kino hatte __ hoffte sie __ ihn zum Tanzen überreden zu können. ____

(d) Weil ich gerne Bücher lese __ Filme schaue __ Musik höre __ bleibe ich am Wochenende gerne zuhause. ____

(e) Der Franz __ der wusste gar nicht __ wie ihm geschah. ____

(f) Maja glaubt daran __ den Wettkampf __ zu gewinnen. ____

(g) Wer anderen eine Grube gräbt __ fällt selbst hinein. ____

(h) Hinter den Bergen __ bei den sieben Zwergen __ lernte Schneewittchen __ geschickt und klug __ das Tischlerhandwerk. ____

Aus unserer Sicht kann ein Algorithmus wie der hier vorgestellte (ebenso wie das Modell von Bredel 2015) didaktisch lediglich begrenzten Nutzen haben: Sicherlich kann ein solches Modell im Sinne des Erwerbs von integriertem Analysewissen im Überarbeitungskontext oder als die Reflexion über strukturelle Zusammenhänge unterstützendes Hilfsmittel interessant sein. Im konkreten Schreibprozess jedoch wäre es weder ökonomisch noch leistbar, an allen möglichen Kommastellen erst den Entscheidungsbaum durchzuspielen. Hier braucht es stabile kognitive Wissensgrundlagen und eine funktionierende Reflexionskompetenz.

6 | Fazit: Ein Komma kommt selten allein – „grammatisches Lesen und Schreiben"

In der vorliegenden Arbeit haben wir gezeigt, dass jeder praktischen Aufgabe (nicht nur) zum Komma eine Interpunktions- bzw. Schrifttheorie zugrunde liegt, was jedoch den meisten Lehrkräften und auch vielen Schulbuchautoren nicht bewusst ist. Zu welchen Problemen eine solch „theorieferne" und mithin „blinde" Abarbeitung von Aufgaben führen kann, wurde anhand von Schulbuchbeispielen und kleinen „Experimenten" in Kapitel 2 demonstriert. Aktuell stellt sich die schulische Lage wie folgt dar: Zum einen folgt der traditionelle Interpunktionsunterricht den in der AR kodifizierten normativen Vorgaben, die festlegen, wann man beim *Schreiben* ein Interpunktionszeichen setzen muss oder ggf. darf. Zum anderen wird in der *Lesedidaktik* gemeinhin angenommen, dass Kinder sich die Fähigkeit zur rezeptiven Verarbeitung von Interpunktionszeichen automatisch während des (weiterführenden) Schriftspracherwerbs aneignen und dafür keine expliziten Lernangebote benötigen. Bezeichnenderweise bleiben in den länderübergreifenden Bildungsstandards aller Schularten im Bereich Lesen die Interpunktionszeichen unerwähnt – obwohl sie für die genaue Informationsentnahme in strukturell komplexeren Texten ebenso essentiell sind wie für das kursorische (überfliegende) Lesen. Diese Leserignoranz der Interpunktionsdidaktik sowie die Interpunktionsignoranz der Lesedidaktik sind jedoch weder aus theoretischer noch aus empirischer Sicht zu rechtfertigen (s. Kap. 2 und 3) – denn rezeptive (Lesen) und produktive (Schreiben) Kommakompetenz arbeiten zusammen. Daraus lässt sich schließen: Nur wer erfahren hat, inwiefern Kommas den eigenen Leseprozess steuern, kann auch verstehen, *warum* und *an welchen Stellen* es sinnvoll ist, sie beim Schreiben eigener Texte zu setzen. Aus der empirischen Sprachdidaktik wissen wir, dass die Fähigkeit, Kommas beim Lesen erfolgreich auszuwerten und zur Sinnkonstruktion zu nutzen, eine Teilkompetenz allgemeiner Lesefähigkeit darstellt, die an den Erwerb kognitiver syntaktischer Muster gebunden ist (s. Kap. 3). Darunter versteht man dynamische gedankliche Repräsentationen syntaktischer Strukturen, die einerseits das Ergebnis erfahrungsbasierter (also durch Lesen angestoßener) Analogie- und Hypothesenbildungsprozesse sind und andererseits beim Lesen wie von selbst aktiv werden. Dieses automatisch, d.h. unbewusst, aktivierte „syntaktische Wissen in Funktion" (Funke 2005) ermöglicht es kommakompetenten Lesern, bereits während des Lesens strukturelle Informationen zu registrieren und funktional zu verarbeiten. Eine hypothesengeleitete, kognitive Etablierung solch dynamischer Muster ist jedoch voraussetzungsreich: Sie setzt eine gewisse, leserseitige Dünnhäutigkeit (Sensibilität) gegenüber strukturellen Kontrasten und Gemeinsamkeiten voraus. Wie man eine solche Kommasensibilität im Sinne integrierten und autonomen Prozesswissens (s. Kap. 4.1) fördern und als Basis für das Kommasetzen beim Schreiben nutzen kann, haben wir in der vorliegenden Arbeit gezeigt.

Kompetente Leser und Schreiber sind jedoch nicht nur in Bezug auf das Komma, sondern in allen sprachstrukturellen Ebenen (silbisch, morphologisch und syntaktisch, textuell) gleichzeitig orientiert: Kognitive Muster werden beim Lesen (und Schreiben) auf allen sprachlichen Ebenen aktiv und sind miteinander vernetzt, d.h. eine Äußerung kann mehrere Muster gleichzeitig aktivieren (vgl. Hochstadt 2015). Wie die einzelnen Teilkompetenzen im Detail zusammenhängen, ob es gewisse Erwerbsfolgen gibt und wenn ja, welche Rolle der Unterricht dabei spielt, ist noch nicht erforscht. Da jedoch der Orthographieerwerb insgesamt als Systemerwerb gilt (Bredel 2009; Müller 2010), der von gelingenden – eigenaktiven oder unterrichtsinduzierten – Analogiebildungsprozessen abhängt, ist es sinnvoll, diese Analogiebildungsprozesse auf allen sprachlichen Ebenen zu fördern. Die Prinzipien der hier vorgestellten kontrastiven (integrierten), lese-, muster- und prozessorientierten Kommadidaktik können dabei auf andere orthographische Bereiche übertragen werden. Dies sei anhand kleiner Satzpaare illustriert (aus Platzgründen hier ohne integrierenden Kontext), die deutlich machen, dass „die Rechtschreibung für Leser" da ist (vgl. Noack 2015; Fuhrhop & Schreiber 2016):

(1) Getrennt- und Zusammenschreibung (vgl. Fuhrhop 2010; Mesch 2010):
- (a) Sie besuchen die kranken Schwestern.
- (b) Sie besuchen die Krankenschwestern.

(2) Konstantschreibung von Wortstämmen (vgl. Reißig & Rautenberg 2015; Bredel, Noack & Plag 2013):
- (a) Die Tauben gurrten sich an.
- (b) Die Tauben gurten sich an.

(3) Betonte Silben (Wortstamm):
- (a) Sie lasen alle Bücher durch.
- (b) Sie lassen alle Bücher durch.

(4) Kasusendung in unbetonten Silben (vgl. Esslinger 2015d):
- (a) Den kräftigen Büffel verfolgt der junge Löwe.
- (b) Der kräftige Büffel verfolgt den jungen Löwen.

Obwohl das Wissen über die „Orthographie als Leserinstruktion" (Noack 2010) bzw. den „Nutzen der Orthographie für einen gelingenden Grammatikunterricht" (Noack 2011) seit Jahrzehnten bekannt ist und inzwischen eine Vielzahl an Unterrichtsmodellen vorliegen (s. o.), ist die Leserorientierung der Orthographie noch nicht im Schulalltag angelangt. Dass sich dies ändern muss – und welcher Mehrwert sich hinter einem leserorientierten Zugang zu orthographischen Phänomenen verbirgt, in dem die Kinder „Grammatik sehen lernen" (Fuhrhop 2011) können – haben wir am Beispiel des Kommas dargestellt. Dass es sich lohnt, diesen Zugang auf andere Bereiche zu übertragen, so dass den Lernenden im günstigsten Fall eine **struktursensible Haltung zur Lesegewohnheit** wird, ist hier hoffentlich in der gebotenen Kürze deutlich geworden. Was die Interpunktion anbelangt, so können vom Punkt aus auch alle anderen Interpunktionszeichen erschlossen werden (vgl. die Themenhefte zur Interpunktion: Praxis Deutsch (2015), H. 254; und Deutsch. Unterrichtspraxis für die Klassen 5 bis 10 (2012), H. 31). Dabei sollte auch von der Satzebene auf die Textebene gewechselt werden und die Wirkung von Interpunktionszeichen in literarischen Texten in den Fokus rücken (vgl. für die Primarstufe z. B. Esslinger 2014:

108 ff.; Esslinger 2018a; für die Sekundarstufe Mesch 2015; Olsen 2006). Last but not least ist das von uns verfolgte Prinzip der *Musterorientierung* auch mit Blick auf den weiterführenden Grammatikunterricht äußerst anschlussfähig. Ein recht umfassend ausgearbeiteter, muster- und syntaxorientierter schulgrammatischer Ansatz, bei dem ebenfalls das Verb sowie das topologische Feldermodell eine zentrale Rolle spielen (s. 3.1), liegt mit Granzow-Emden (2019) vor.

Literatur

[AR] (2018): Deutsche Rechtschreibung. Regeln und Wörterverzeichnis. Aktualisierte Fassung des amtlichen Regelwerks entsprechend den Empfehlungen des Rats für deutsche Rechtschreibung 2016. Mannheim. (https://www.rechtschreibrat.com/DOX/rfdr_Regeln_2016_redigiert_2018.pdf)

Afflerbach, S. (1997). Zur Ontogenese der Kommasetzung vom 7. bis zum 17. Lebensjahr. Eine empirische Studie. Frankfurt/Main u. a.: Peter Lang.

Altmann, H. (1981). Formen der „Herausstellung" im Deutschen: Rechtsversetzung, Linksversetzung, freies Thema und verwandte Konstruktionen. Tübingen: Niemeyer.

Augst, G. (2001). Kommasetzung und Grammatik(unterricht). Mitteilungen des deutschen Germanistenverbandes (1), 84–97.

Baudusch, R. (1977). Einige Bemerkungen zur geltenden Regelung unserer Zeichensetzung. Deutschunterricht, 13–18.

Baudusch, R. (1981). Prinzipien der deutschen Interpunktion. Zeitschrift für Germanistik, 1981/1982(2), 206–218.

Baudusch, R. (1997a). Die unproblematischsten Vorschläge sind die zur Zeichensetzung. In G. Augst, K. Blüml, D. Nerius & H. Sitta (Eds.), Zur Neuregelung der deutschen Orthographie. Begründung und Kritik (pp. 489–495). Tübingen: Niemeyer.

Baudusch, R. (1997b). Zur Reform der Zeichensetzung - Begründung und Kommentar. In G. Augst, K. Blüml, D. Nerius & H. Sitta (Eds.), Zur Neuregelung der deutschen Orthographie. Begründung und Kritik (pp. 243–258). Tübingen: Niemeyer.

Baudusch, R. (2007). Das syntaktische Prinzip und sein Geltungsbereich. In D. Nerius (Ed.), Deutsche Orthographie. 4., neue bearbeitete Auflage (pp. 235–261). Hildesheim; Zürich, New York: Olms.

Becker, K. F. (1870). Von der Interpunktion. In Ders (Ed.), Ausführliche deutsche Grammatik als Kommentar der Schulgrammatik II. Zweite neubearbeitete Ausgabe. Dritter Theil Orthographie. Drittes Kapitel (pp. 544-643, §§ 308-315). Hildesheim, New York: Olms.

Behrens, U. (1989). Wenn nicht alle Zeichen trügen. Interpunktion als Markierung syntaktischer Konstruktionen. Frankfurt/Main u. a.: Peter Lang.

Belke, G. (2012). Mehr Sprache(n) für alle. Sprachunterricht in einer vielsprachigen Gesellschaft. 5., grundlegend überarbeitete und inhaltlich erweiterte Auflage. Baltmannsweiler: Schneider-Hohengehren.

Berg, K., Bredel, U., Fuhrhop, N. & Schreiber, N. (2019). Das Vorfeldkomma - Fehler von heute, Regel von morgen? Der Deutschunterricht, 71(4), 45–56.

Bernasconi, T. & Hlebec, H. (2015). Ressourcen und Probleme der Lehre im Orthographieunterricht. In U. Bredel & T. Reißig (Eds.), Weiterführender Orthographieerwerb (2., korrigierte Auflage, pp. 496–506). Baltmannsweiler: Schneider Hohengehren.

Binanzer, A. & Langlotz, M. (2018). Grammatik. Empirische Forschung zu grammatischem Können und Wissen. In J. M. Boelmann (Ed.), Empirische Forschung in der Deutschdidaktik. Band 3. Forschungsfelder in der Deutschdidaktik (pp. 303–319). Baltmannsweiler: Schneider Hohengehren.

Binanzer, A. & Wecker, V. (2020). Lernergramamtik und Grammatikunterricht. In M. Langlotz (Ed.), *Grammatikdidaktik: Theoretische und empirische Zugänge zu sprachlicher Heterogenität* (pp. 61-86). Baltmannsweiler: Schneider Hohengehren.

Bredel, U. (2006). Die Herausbildung des syntaktischen Prinzips in der Historiogenese und in der Ontogenese der Schrift. In U. Bredel & H. Günther (Eds.), Orthographietheorie und Rechtschreibunterricht (pp. 197–215). Tübingen: Niemeyer.

Bredel, U. (2008). Die Interpunktion des Deutschen. Ein kompositionelles System zur Online-Steuerung des Lesens. Tübingen: Niemeyer.

Bredel, U. (2009). Orthographie als System – Orthographieerwerb als Systemerwerb. Literaturwissenschaft und Linguistik (153), 135–154.

Bredel, U. (2011). Interpunktion. Heidelberg: Universitätsverlag Winter.

Bredel, U. (2013). Sprachbetrachtung und Grammatikunterricht. 2., durchgesehene Auflage. Paderborn u. a.: Schöningh.

Bredel, U. (2015). Das Satzgrenzenkomma und seine Didaktisierung – das Verb als Zentrum kommarelevanter Strukturen. In B. Mesch & B. Rothstein (Eds.), Was tun mit dem Verb? Über die Möglichkeit und Notwendigkeit einer didaktischen Neuerschließung des Verbs (pp. 135–149). Berlin u. a.: de Gruyter.

Bredel, U., Fuhrhop, N. & Noack, C. (2017). Wie Kinder lesen und schreiben lernen. 2. Auflage. Tübingen: Francke.

Bredel, U. & Hlebec, H. (2015). Kommasetzung im Prozess. Praxis Deutsch 42(254), 36-46.

Bredel, U. & Hlebec, H. (2019). Die Interpunktion des Deutschen – traditionelle und neue Perspektiven. Der Deutschunterricht 71(4), 2-12.

Bredel, U. & Müller, A. (2015). Interpunktion. Praxis Deutsch, 42(254), 4-13.

Bredel, U., Noack, C. & Plag, I. (2013). Morphologie lesen. Stammkonstanzschreibung und Leseverstehen bei starken und schwachen Leser/innen. In M. Neef & C. Scherer (Eds.), Die Schnittstelle von Morphologie und geschriebener Sprache (pp. 211-250). Berlin u. a.: de Gruyter.

Bremerich-Vos, A. (1999). Zum Grammatikunterricht in der Grundschule: wie gehabt, gar nicht, anders? In A. Bremerich-Vos (Ed.), Zur Praxis des Grammatikunterrichts. Mit Materialien für Lehrer und Schüler. (pp. 13–80). Freiburg im Breisgau: Fillibach.

Bremerich-Vos, A. & Scholten-Akoun, D. (Eds.). (2016). Schriftsprachliche Kompetenzen von Lehramtsstudierenden in der Studieneingangsphase. Eine empirische Untersuchung. Baltmannsweiler: Schneider Hohengehren.

Bußmann, H. (2002). Lexikon der Sprachwissenschaft (3., aktualisierte und erw. Aufl.). Stuttgart: Kröner.

Christmann, U. (2016). Kognitionspsychologische Ansätze. In U. Rautenberg & U. Schneider (Eds.), Lesen. Ein interdisziplinäres Handbuch (pp. 21-46): de Gruyter.

Colombo-Scheffold, S. (2016). Kommatierungsverhalten von Deutschstudierenden bei Relativ-, Inhalts- und Adverbialsätzen. In R. Olsen, C. Hochstadt & S. Colombo-Scheffold (Eds.), Ohne Punkt und Komma ... Beiträge zu Theorie, Empirie und Didaktik der Interpunktion (pp. 177–213). Berlin: RabenStück-Verlag.

Dämmer, J. (2019). Grammatisches Fachwissen von Lehramtsstudierenden des Faches Deutsch im Verlauf des ersten Studiensemesters. Baltmannsweiler: Schneider Hohengehren.

Dauberschmidt, F. (2016). Die Entdeckung des (syntaktisch fundierten) Kommasystems. In B. Mesch & C. Noack (Eds.), System, Norm und Gebrauch – drei Seiten einer Medaille? Performanz im Spannungsfeld zwischen System, Norm und Empirie. (pp. 174-199). Baltmannsweiler: Schneider Hohengehren.

Dreschinski, J. (2016). Punkte im Lese- und Schreibprozess. In R. Olsen, C. Hochstadt & S. Colombo-Scheffold (Eds.), Ohne Punkt und Komma ... Beiträge zu Theorie, Empirie und Didaktik der Interpunktion (pp. 399–416). Berlin: RabenStück-Verlag.

Duden, K. (1876). Versuch einer deutschen Interpunktionslehre. In B. Garbe (Ed.), Texte zur Geschichte der deutschen Interpunktion und ihrer Reform 1462 - 1983 (pp. 161–180). Hildesheim; Zürich, New York: Olms.

[DUDEN-RS] (1915) Duden. Rechtschreibung der deutschen Sprache und der Fremdwörter. Mit Unterstützung des Allgemeinen Deutschen Sprachvereins, des Deutschen Buchdruckervereins, des Reichsverbandes Österreichischer Buchdruckereibesitzer, des Schweizerischen Buchdruckervereins sowie der deutschen und österreichischen Korrektorenvereine nach den für Deutschland, Österreich und die Schweiz gültigen amtlichen Regeln. Neunte, neubearbeitete und vermehrte Auflage. Leipzig/ Wien: Bibliographisches Institut.

[DUDEN-RS] (1967) Duden. Rechtschreibung der deutschen Sprache und der Fremdwörter. 16., erweiterte Auflage. Neu bearbeitet unter Leitung von Dr. phil. habil. Paul Grebe. Im Einvernehmen mit dem Institut für deutsche Sprache. Mannheim/ Zürich: Bibliographisches Institut, Dudenverlag.

[DUDEN-RS] (1991) Duden. Rechtschreibung der deutschen Sprache und der Fremdwörter. 20., völlig neu bearbeitete und erweiterte Auflage. Herausgegeben von der Dudenredaktion. Auf der Grundlage der amtlichen Rechtschreibregeln. Mannheim u. a.: Dudenverlag.

[DUDEN-RS] (1996) Duden. Rechtschreibung der deutschen Sprache. 21., völlig neu bearbeitete und erweiterte Auflage. Herausgegeben von der Dudenredaktion. Auf der Grundlage der neuen amtlichen Rechtschreibregeln. Mannheim u. a.: Dudenverlag.

[DUDEN-RS] (2017). Die deutsche Rechtschreibung. 27., völlig neu bearbeitete Auflage. Herausgegeben von der Dudenredaktion. Auf der Grundlage der aktuellen amtlichen Rechtschreibregeln. Berlin: Dudenverlag.

Eichler, W. & Küttel, H. (1993). Eigenaktivität, Nachdenken und Experiment – zur inneren Regelbildung im Erwerb der Zeichensetzung. Diskussion Deutsch, 129, 35–44.

Eisenberg, P. (1994). Muß die Rhetorik die Syntax bekämpfen? Interpunktion als Usus und Norm. In D. Thorfen, S. Gabbani & W. Vosse (Eds.), Rationalität im Diskurs. Rudolf Wolfgang Müller zum 60. Geburtstag (pp. 349–358). Marburg: Diagonal-Verl.

Elsässer, J. & Volz, S. (2012). Der Kuchen schmeckt. schrecklich. süß. Punkte als Lesehilfe erkennen. Deutsch. Unterrichtspraxis für die Klassen 5 bis 10(31), 4–7.

Esslinger, G. (2014). Rezeptive Interpunktionskompetenz. Eine empirische Untersuchung zur Verarbeitung syntaktischer Interpunktionszeichen beim Lesen. Baltmannsweiler: Schneider Hohengehren.

Esslinger, G. (2015a). „Jetzt passt's". Grundschulkinder erkunden den Punkt. Praxis Deutsch(254), 14–19.

Esslinger, G. (2015b). Kommas beim Lesen verarbeiten können – eine vernachlässigte Teilkompetenz allgemeiner Lesefähigkeit. In U. Riegel, S. Schubert, G. Siebert-Ott & K. Macha (Eds.), Kompetenzmodellierung und Kompetenzmessung in den Fachdidaktiken (pp. 275–295). Münster, Westf: Waxmann.

Esslinger, G. (2015c). Konzepte des Erwerbs der Interpunktion. In U. Bredel & T. Reißig (Eds.), Weiterführender Orthographieerwerb. 2., korrigierte Auflage (pp. 318–339). Baltmannsweiler: Schneider Hohengehren.

Esslinger, G. (2015d). Satzstruktur und Satzbedeutung. Warum die herkömmliche Frageprobe kein verlässliches Verfahren ist, um Satzglieder zu ermitteln. Grundschulunterricht Deutsch, 62, 23–28.

Esslinger, G. (2015e). Syntaktisches Lesen unter besonderer Berücksichtigung der Interpunktion – Theorie, Testkonzeptionen und empirische Befunde. In I. Rautenberg & T. Reißig (Eds.), Lesen und Lesedidaktik aus linguistischer Perspektive (pp. 117–152). Frankfurt/Main u. a.: Peter Lang.

Esslinger, G. (2015f). Was macht das Komma im Kopf? Deutschunterricht(5), 22–27.

Esslinger, G. (2016a). Empirische Aspekte zur Rezeption und Produktion syntaktischer Interpunktionszeichen. In S. Colombo-Scheffold, C. Hochstadt & R. Olsen (Eds.), Ohne Punkt und Komma ... Beiträge zur Theorie, Empirie und Didaktik der Interpunktion (pp. 215–234). Berlin: RabenStück-Verlag.

Esslinger, G. (2016b). Das Komma zwischen Norm und System – zur Begründung und Konzeption einer leserorientierten Interpunktionsdidaktik. In B. Mesch & C. Noack (Eds.), System, Norm und Gebrauch – drei Seiten einer Medaille? Orthographische Kompetenz und Performanz im Spannungsfeld zwischen System, Norm und Empirie (pp. 146–173). Baltmannsweiler: Schneider Hohengehren.

Esslinger, G. (2016c). Punkte und Kommas beim Lesen nutzen lernen - ein rezeptionsorientiertes Konzept (auch) für den Erwerb syntaktischer Muster des Deutschen. In Österreichischer Dachverband für Deutsch als Fremd und Zweitsprache (Ed.), Lesen(d) lernen. ÖDaF-Mitteilungen (pp. 31–43). Göttingen/Wien: V&R unipress.

Esslinger, G. (2017). Zum didaktischen (Mehr)wert von lesebasierten Interpunktionsgesprächen in der Grundschule – dargestellt am Beispiel des Punktes. In I. Rautenberg & S. Helms (Eds.), Der Erwerb schriftsprachlicher Kompetenzen: empirische Befunde, didaktische Konsequenzen, Förderperspektiven (pp. 150–176). Frankfurt/Main u. a.: Peter Lang.

Esslinger, G. (2018a). „Das ist wie ein Geheimnis, was der uns nicht sagen will" – frühe Zugänge zu Auslassungspunkten durch literaturbasierte Interpunktionsgespräche in der Grundschule. In K. George, M. Langlotz, U. Milevski & K. Siedschlag (Eds.), Interpunktion im Spannungsfeld zwischen Norm und stilistischer Freiheit. Sprachwissenschaftliche, sprachdidaktische und literaturwissenschaftliche Perspektiven (pp. 177–205). Frankfurt/Main u. a.: Peter Lang.

Esslinger, G. (2018b). Sprachreflexive Zugänge zur Interpunktion des Deutschen durch Interpunktionsgespräche – Hintergründe und Möglichkeiten einer leserorientierten Interpunktionsdidaktik. Studia Neophilologica.(90 (sup1)), 125–150.

Esslinger, G. (2018c). Wie steuern Kommas das Lesen? Deutschunterricht(1), 20–25.

Esslinger, G. (2019): Interpunktionszeichen nutzen - die unterschätzte Kompetenz erfolgreicher Leser. Der Deutschunterricht 71 (4), 68-79.

Fuhrhop, N. (2010). Getrennt- und Zusammenschreibung: Kern und Peripherie. Rechtschreibdidaktische Konsequenzen aus dieser Unterscheidung. In U. Bredel, A. Müller & G. Hinney (Eds.), Schriftsystem und Schrifterwerb. linguistisch – didaktisch – empirisch (pp. 235–257). Berlin/New York: de Gruyter.

Fuhrhop, N. (2011). Grammatik verstehen lernen – Grammatik sehen lernen. In K.-M. Köpcke & A. Ziegler (Eds), Grammatik: Lehren, lernen, verstehen. Zugänge zur Grammatik des Gegenwartsdeutschen (pp. 307-324). Berlin u.a.: de Gruyter.

Fuhrhop, N. & Schreiber, N. (2016). Graphematische Lesehilfen. Mitteilungen des Deutschen Germanistenverbandes(2), 129–146.

Funke, R. (2005). Sprachliches im Blickfeld des Wissens. Grammatische Kenntnisse von Schülerinnen und Schülern. Tübingen: Niemeyer.

Funke, R. (2007). Die Innenseite der Grammatik – die Innenseite des Lesens. In K.-M. Köpcke & A. Ziegler (Eds.), Grammatik in der Universität und für die Schule. Theorie, Empirie und Modellbildung (pp. 147–160). Tübingen: Niemeyer.

Funke, R. (2014). Grammatikunterricht, grammatisches Wissen und schriftsprachliches Können. In H. Gornik (Ed.), Sprachreflexion und Grammatikunterricht (pp. 429–454). Baltmannsweiler: Schneider Hohengehren.

Funke, R. & Sieger, J. (2014). Grammatische Strukturen als Lerngegenstand im Deutschunterricht: Um welche Art von Lernen geht es? In U. Bredel & C. Schmellentin (Eds.), Welche Grammatik braucht der Grammatikunterricht? (pp. 1–22). Baltmannsweiler: Schneider Hohengehren.

Granzow-Emden, M. (2006). Wer oder was erschlägt man besser nicht mit einer Klappe? Kasus und Satzglieder im Deutschunterricht. In T. Becker & C. Peschel (Eds.), Gesteuerter und ungesteuerter Grammatikerwerb (pp. 105–127). Baltmannsweiler: Schneider Hohengehren.

Granzow-Emden, M. (2010). Kritik an der schulischen Satzlehre und Ansätze für eine Neumodellierung. In K.-M. Köpcke & C. Noack (Eds.), Sprachliche Strukturen thematisieren. Sprachunterricht in Zeiten der Bildungsstandards (pp. 121–137). Baltmannsweiler: Schneider Hohengehren.

Granzow-Emden, M. (2019). Deutsche Grammatik verstehen und unterrichten. Unter Mitarbeit von Johannes Luber. 3., überarbeitete und erweiterte Auflage. Tübingen: Narr.

Günther, H. (1988). Schriftliche Sprache: Strukturen geschriebener Wörter und ihre Verarbeitung beim Lesen. Tübingen: Niemeyer.

Höchli, S. (1981). Zur Geschichte der Interpunktion im Deutschen. Eine kritische Darstellung der Lehrschriften von der 2. Hälfte des 15. Jahrhunderts bis zum Ende des 18. Jahrhunderts. Berlin u. a.: de Gruyter.

Hochstadt, C. (2015). Mimetisches Lernen im Grammatikunterricht. Baltmannsweiler: Schneider Hohengehren.

Hochstadt, C. & Olsen, R. (2016). Zur Kommatierungskompetenz von Lehramtsstudierenden am Beispiel überflüssiger ‚Vorfeldkommas'. In R. Olsen, C. Hochstadt & S. Colombo-Scheffold (Eds.), Ohne Punkt und Komma ... Beiträge zu Theorie, Empirie und Didaktik der Interpunktion (pp. 158–176). Berlin: RabenStück-Verlag.

Kirchhoff, F. (2019). Die Geschichte des Kommas. Der Deutschunterricht, 71(4), 24–34.

Knapp, W. (2011). Deutsch als Zweitsprache sprechen und schreiben. In W. Knapp, C. Löffler, C. Osburg & K. Singer (Eds.), Sprechen, schreiben und verstehen. Sprachförderung in der Primarstufe (pp. 193–228). Seelze: Klett Kallmeyer.

Kozinowski, J. (2019). Wie weit kommt man mit Regeln? Schülerinnen und Schüler beim Lösen von Interpunktionsproblemen. Deutsch. Unterrichtspraxis für die Klassen 5 bis 10, 71(4), 80–90.

Krafft, A. (2016). „Einfach nach Gefühl ..." Zur Interpunktionskompetenz von Lehramtsstudierenden am Beispiel des Kommas. In R. Olsen, C. Hochstadt & S. Colombo-Scheffold (Eds.), Ohne Punkt und Komma ... Beiträge zu Theorie, Empirie und Didaktik der Interpunktion (pp. 138–156). Berlin: RabenStück-Verlag.

Krebs, B. (2013). Schüler sprechen über Orthographie. Orthographisches Wissen von Hauptschülern/Werkrealschülern der achten Klasse. München: ibidem.

Langacker, R. W. (2008). Cognitive grammar. A basic introduction. Oxford: Oxford University Press.

Lauer-Schmaltz, M., Rosebrock, C. & Gold, A. (2014). Lautlesetandems in der Grundschule. Be-dingungen und Grenzen ihrer Wirksamkeit. Didaktik Deutsch 21, 45–61.

Lindauer, T. & Sutter, E. (2005). Könige, Königreiche und Kommaregeln. Eine praxistaugliche Vereinfachung des Zugangs zur Kommasetzung. Praxis Deutsch, 191, 28-35.

Lindbüchl, I. (2014). Ein Komma für den Leser – Sprachverarbeitung und Interpunktion im Deutschen, Englischen und Französischen am Beispiel des Kommas. In Diskussionsforum Linguistik in Bayern / Bavarian Working Papers in Linguistics. „Empirie und Theorie" (Vol. 4, pp. 69-84). Retrieved from http://epub.ub.uni-muenchen.de/view/subjects/13282.html

Lohnstein, H. (1993). Projektion und Linking. Ein prinzipienbasierter Parser fürs Deutsche. Tübingen: Niemeyer.

Lotze, S., Geipel, M. & Gallmann, P. (2016). Das Komma: Gewichtete syntaktische Regeln. In R. Olsen, C. Hochstadt & S. Colombo-Scheffold (Eds.), Ohne Punkt und Komma ... Beiträge zu Theorie, Empirie und Didaktik der Interpunktion (pp. 51–76). Berlin: RabenStück-Verlag.

Maas, U. (1992). Grundzüge der deutschen Orthographie. Tübingen: Niemeyer.

Maas, U. (1997). Orthographische Regularitäten, Regeln und ihre Deregulierung. Am Beispiel der Dehnungszeichen im Deutschen. In G. Augst, K. Blüml, D. Nerius & H. Sitta (Eds.), Zur Neuregelung der deutschen Orthographie. Begründung und Kritik. (pp. 337-364). Tübingen: Niemeyer.

Meisenburg, T. (2008). Zur Interpunktion des Spanischen. [Unv. Ms.].

Melenk, H. (2001). Kommasetzung und Grammatikkenntnisse. In H. Melenk & W. Knapp (Eds.), Inhaltsangaben – Kommasetzung. Schriftsprachliche Leistungen in Klasse 8 (pp. 169–188). Baltmannsweiler: Schneider Hohengehren.

Melenk, H. & Gundei, B. (2001). Satzbau und Kommasetzung in Aufsätzen. In H. Melenk & W. Knapp (Eds.), Inhaltsangabe – Kommasetzung: Schriftsprachliche Leistungen in Klasse 8 (pp. 189-220). Baltmannsweiler: Schneider Hohengehren.

Melzer, F. (2011). Direktes Umgehen mit syntaktischen Strukturen – ein Unterrichtsansatz für die Sekundarstufe I. In C. Noack & J. Ossner (Eds.), Grammatikunterricht und Grammatikterminologie (pp. 159–179). Duisburg: Universitätsverlag Rhein-Ruhr.

Menzel, W. & Sitta, H. (1982). Interpunktion. Zeichensetzung im Unterricht. Praxis Deutsch 55, 10–21.

Mesch, B. (2009). Kleines Zeichen – große Wirkung: Das Komma im Deutschen und Spanischen. Estudios Filológicos Alemanes. Revista del Grupo de Investigación. Filología Alemana, 17, 269–280.

Mesch, B. (2010). „Das Weiße zwischen den Wörtern". Vom Nutzen der Getrennt- und Zusammenschreibung für das Lesen. Praxis Deutsch, 221, 22–31.

Mesch, B. (2015). „Ach, Luise, lass ... das ist ein zu weites Feld". Auslassungspunkte in literarischen Texten verstehen. Praxis Deutsch, 42(254), 54–60.

Mesch, B. (2016a). Hidden reading curriculum – Lesenlernen mit Fibeltexten. Mitteilungen des Deutschen Germanistenverbandes, 63(2), 160–173.

Mesch, B. (2016b). Semikolon – zwischen Punkt und Komma? Comeback eines totgesagten sowie totgeschwiegenen Interpunktionszeichens. In R. Olsen, C. Hochstadt & S. Colombo-Scheffold (Eds.), Ohne Punkt und Komma ... Beiträge zu Theorie, Empirie und Didaktik der Interpunktion (pp. 445–475). Berlin: RabenStück-Verlag.

Mesch, B. (2017). Komma bei Infinitivsätzen. Deutschunterricht(1), 31–38.

Mesch, B. & Dammert, Y. (2015). Verbwissen in der Primarstufe. In B. Mesch & B. Rothstein (Eds.), Was tun mit dem Verb? Über die Möglichkeit und Notwendigkeit einer didaktischen Neuerschließung des Verbs. (pp. 1-43). Berlin/Boston: de Gruyter.

Metz, K. (2005). Grammatikkenntnisse – Kommasetzung. Eine empirische Studie über das Verhältnis von Grammatikkenntnissen und Kommasetzung bei Achtklässlern im Schulartenvergleich. Baltmannsweiler: Schneider Hohengehren.

Metz, K. (2016). Die Kommasetzung und ihre Vermittlung in aktuellen Schulbüchern. In R. Olsen, C. Hochstadt & S. Colombo-Scheffold (Eds.), Ohne Punkt und Komma ... Beiträge zu Theorie, Empirie und Didaktik der Interpunktion (pp. 262–296). Berlin: RabenStück-Verlag.

Müller, A. (2010). Rechtschreiben lernen. Die Schriftstruktur entdecken – Grundlagen und Übungsvorschläge. Seelze: Klett/Kallmeyer, Friedrich-Verlag.

Müller, H. G. (2007). Zum „Komma nach Gefühl". Implizite und explizite Kommakompetenz von Berliner Schülerinnen und Schülern im Vergleich. Frankfurt/Main u. a.: Peter Lang.

Musan, R. (2013). Satzgliedanalyse. Dritte Auflage. Heidelberg: Winter.

Nerius, D. (Ed.) (2007). Deutsche Orthographie. 4., neubearbeitete Auflage. Hildesheim, Zürich, New York: Olms.

Noack, C. (2002). Die Kodifizierung orthographischer Regularitäten seit Adelung und ihre Aufnahme in die Schulpraxis. In C. Röber-Siekmeyer & D. Tophinke (Eds.), Schrifterwerbskonzepte zwischen Sprachwissenschaft und Pädagogik. (pp. 83-97). Baltmannsweiler: Schneider Hohengehren.

Noack, C. (2010). Orthographie als Leserinstruktion: Die Leistung schriftsprachlicher Strukturen für den Dekodierprozess. In U. Bredel, A. Müller & G. Hinney (Eds.), Schriftsystem und Schrifterwerb. linguistisch – didaktisch – empirisch (pp. 151–170). Berlin, New York: de Gruyter.

Noack, C. (2011). Vom Nutzen der Orthographie für einen gelingenden Grammatikunterricht. In K.-M. Köpcke & A. Ziegler (Eds.), Grammatik – Lehren, Lernen, Verstehen. Zugänge zur Grammatik des Gegenwartsdeutschen. (pp. 325–339). Berlin, Boston: de Gruyter.

Noack, C. (2015). Rechtschreiben für sich – und andere! Deutschunterricht, 68(5), 4–10.

Noack, C. (2018). Kommasetzung ist schwer, oder? Deutschunterricht(1), 4–9.

Nunberg, G. (1990). The linguistics of punctuation. Stanford: Center for the Study of Language and Information.

Olsen, R. (2006). Textnähe durch Fassungsvergleich: Interpunktion als literaturdidaktisches Tertium Comparationis. In T. Engler & T. Mötius (Eds.), Textnahes Verstehen. Auf Fährtensuche in literarischen Texten. (pp. 91–110). Baltmannsweiler: Schneider Hohengehren.

Ossner, J. (1994). Deutschunterricht für Kinder in der Grundschule. Frankfurt/Main: Diesterweg.

Ossner, J. (2006a). Kompetenzen und Kompetenzmodelle im Deutschunterricht. Didaktik Deutsch 21, 5–19.

Ossner, J. (2006b). Sprachdidaktik Deutsch. Paderborn u. a.: Schöningh.

Parkes, M. B. (1992). Pause and effect. An introduction to the history of punctuation in the West. Aldershot, Hants: Scolar Press.

Peters, J. (2016). Intonation. In Dudenredaktion (Ed.), Duden. Die Grammatik. Unentbehrlich für richtiges Deutsch. (9., vollständig überarbeitete und aktualisierte Auflage, pp. 95–128). Berlin: Dudenverlag.

Peyer, A. (2011). Sätze untersuchen. Lernorientierte Sprachreflexion und grammatisches Wissen. Seelze: Klett Kallmeyer.

Pießnack, C. & Schübel, A. (2005). Untersuchungen zur orthographischen Kompetenz von Abiturientinnen und Abiturienten im Land Brandenburg. LIF-Berichte Fachdidaktik. Universität Potsdam, 50–72. Retrieved from http://publishup.uni-potsdam.de/frontdoor/index/index/docId/725

Polenz, P. (2000). Deutsche Sprachgeschichte vom Spätmittelalter bis zur Gegenwart, Band I: Einführung. Grundbegriffe: 14. bis 16. Jahrhundert (2., überarbeitete Auflage). Berlin, New York.

Pracht, H. (2010). Alphabetisierung in der Zweitsprache Deutsch als Schemabildungsprozess. Bedingungsfaktoren der Schemaetablierung und -verwendung auf der Grundlage der „usage-based theory". Münster u. a.: Waxmann.

Primus, B. (1993). Sprachnorm und Sprachregularität: Das Komma im Deutschen. Deutsche Sprache(3), 244–263.

Primus, B. (2019). Die Kommasetzung im Deutschen und Englischen. Der Deutschunterricht, 71(4), 35–44.

Rautenberg, U. (2016). Das Buch in der Codexform und einblättrige Lesemedien. In U. Rautenberg & U. Schneider (Eds.), Lesen. Ein interdisziplinäres Handbuch (pp. 279-336). Berlin, Boston: de Gruyter.

Rautenberg, U. & Schneider, U. (2015). Lesen: ein interdisziplinäres Handbuch. Berlin; Boston: de Gruyter.

Reißig, T. & Rautenberg, I. (2015). Morphologie fürs Lesen nutzen. Deutschunterricht(5), 28–33.

Rosebrock, C. & Nix, D. (2015). Grundlagen der Lesedidaktik und der systematischen schulischen Leseförderung. 7., überarbeitete und erweiterte Auflage. Baltmannsweiler: Schneider Hohengehren.

Röser, Winfried (2012), Deutsch an Stationen. Rechtschreibung Klasse 7/8. Donauwörth: Auer

Rössler, P. (2018). Semantik, Rhetorik, Syntax. Nicht kodifizierte Kommasetzungsprinzipien nach Vorfeld. In K. George, M. Langlotz, U. Milevski & K. Siedschlag (Eds.), Interpunktion im Spannungsfeld zwischen Norm und stilistischer Freiheit. Sprachwissenschaftliche, sprachdidaktische und literaturwissenschaftliche Perspektiven (pp. 63–93). Frankfurt/Main u. a.: Peter Lang.

Rothstein, B. (2016). Ein diskursbasierter Ansatz für das Semikolon. Muttersprache(3), 185–192.

Rothstein, B., Schmadel, S. & Wöllstein, A. (2014). Bessere Grammatische Kenntnisse des Deutschen durch zusätzlichen Grammatikunterricht in der Sekundarstufe II? Das Projekt "GramKidSII". Mitteilungen des Deutschen Germanistenverbandes, 61(2), 203-207.

Ryle, G. (1949). Der Begriff des Geistes. Stuttgart: Reclam.

Sappok, C. (2005). Da stolpert das Ohr. Wie Kinder Kommas hören lernen können. Lernchancen(46), 34–39.

Sappok, C. (2011). Das deutsche Komma im Spiegel von Sprachdidaktik und Prosodieforschung. Forschungslage – „Parsing vs. Phrasing" – Experimente. Berlin: LIT Verlag.

Sappok, C. & Naumann, C. L. (2016). Die „Kommabrille“ – historische, psycholinguistische und didaktische Perspektiven. In R. Olsen, C. Hochstadt & S. Colombo-Scheffold (Eds.), Ohne Punkt und Komma ... Beiträge zu Theorie, Empirie und Didaktik der Interpunktion (pp. 98–136). Berlin: RabenStück-Verlag.

Sauer, W. W. (1988). Der „Duden“: Geschichte und Aktualität eines „Volkswörterbuchs“. Stuttgart: Metzler.

Schneider, W. Schlagmüller, M. & Ennemoser, M. (2007). LGVT 6-12. Lesegeschwindigkeits- und verständnistest für die Klassen 6-12. Göttingen et al.: Hogrefe (Deutsche Schultests).

Schönenberg, S. (2012). Satzzeichen als „Verständlichmacher“. Deutsch. Unterrichtspraxis für die Klassen 5 bis 10(31), 31–33.

Schönenberg, S. (2016). Die Sicht des Lesers als (Wieder-)Einstieg in die Interpunktion. Möglichkeiten und Grenzen verschiedener Didaktisierungsweisen. In R. Olsen, C. Hochstadt & S. Colombo-Scheffold (Eds.), Ohne Punkt und Komma ... Beiträge zu Theorie, Empirie und Didaktik der Interpunktion (pp. 298–325). Berlin: RabenStück-Verlag.

Simmler, F. (2003). Geschichte der Interpunktionssysteme im Deutschen. In W. Besch, A. Betten, O. Reichmann & S. Sonderegger (Eds.), Sprachgeschichte. Ein Handbuch zur Geschichte der deutschen Sprache und ihrer Erforschung. 2. Teilband (pp. 2472–2504). Berlin; New York: de Gruyter.

Stanat, P., Becker, M., Baumert, J., Lüdtke, O. & Eckhardt, A. G. (2012). Improving second language skills of immigrant students: A field trial study evaluating the effects of a summer learning program. Learning and Instruction(22), 159–170.

Stark, L. (2019). Kommaontogenese und Kommadidaktik. Ein Vorschlag zur Überwindung bestehender Divergenzen mithilfe der Methode Productive Failure in der Sekundarstufe I. Muttersprache, 129(1), 56–74.

Steinhauer, K. & Friederici, A. D. (2001). Prosodic Boundaries, Comma Rules, and Brain Responses: The Closure Positive Shift in ERPs as a Universal Marker for Prosodic Phrasing in Listeners and Readers. Journal of Psycholinguistic Research, 30, 267–295.

Tröster-Mutz, S. (2018). Was wissen Fünftklässler über das Komma? Deutschunterricht, 1, 14-19.

Voegeli, W. (1982). Satzzeichen sind keine Vorlesungszeichen. Praxis Deutsch, 55, 15.

Vollmer, T. R. & Athens, E. (2011). Developing function-based extinction procedures for problem behavior. In W. W. Fisher, C. C. Piazza & H. S. Roane (Eds.), Handbook of applied behavior analysis (pp. 317–334): The Guilford Press.

Wielenberg, D. (2020). Die Kunst, auf den Punkt zu kommen. Zur Heterogenität des Interpunktionslernens. In M. Langlotz (Ed.), *Grammatikdidaktik: Theoretische und empirische Zugänge zu sprachlicher Heterogenität* (pp. 33-60). Baltmannsweiler: Schneider Hohengehren.

Wode, H. (1968). Pause und Pausenstelle im Deutschen. Acta Linguistica Hafniensia(11), 147–169.

Wöllstein, A. (2014). Topologisches Satzmodell (2. Auflage).

Zifonun, G., Hoffmann, L., Strecker, B. & Ballweg, J. (1997). Grammatik der deutschen Sprache. Berlin; New York: de Gruyter.

Schulbücher:

- D Eins 5 (2017). Braunschweig: Westermann.
- Deutschbuch 5 (2006). Berlin: Cornelsen
- Deutschbuch 6 (2005). Berlin: Cornelsen
- Deutsch.kombi plus 2 (2018). Stuttgart: Klett.
- Kunterbunt 4 (2010). Stuttgart: Klett.
- Praxis Sprache 5 (2010). Braunschweig: Westermann.
- Tandem. Ein Deutschbuch für die Jahrgangsstufe 9 (1999). Paderborn: Schöningh.
- Wortwechsel 4. Sprachbuch für die Grundschule (19777). Stuttgart: Klett

Stichwortverzeichnis